文通天下

阅 读 是 一 切 美 好 的 开 始

参谋の思考法

领导者心腹

从向上管理
到向下兼容

[日] **荒川诏四** 著

刘峥 译

中国水利水电出版社
www.waterpub.com.cn

·北京·

内 容 提 要

本书是一部管理类图书，旨在帮助企业管理者高效协调上下级之间的工作，指出了身为企业的中层管理者，既要做到向上管理，也要做到向下兼容。全书提供了20多种工作方法，以期帮助管理者更好地认识自我、提升能力。

图书在版编目（ＣＩＰ）数据

领导者心腹：从向上管理到向下兼容 /（日）荒川诏四著；刘峥译. -- 北京 ：中国水利水电出版社，2022.9
ISBN 978-7-5226-0939-3

Ⅰ．①领… Ⅱ．①荒… ②刘… Ⅲ．①管理学－通俗读物②领导学－通俗读物 Ⅳ．①C93-49

中国版本图书馆CIP数据核字(2022)第154863号

北京市版权局著作权合同登记号：图字 01-2022-3889

书 名	领导者心腹：从向上管理到向下兼容 LINGDAOZHE XINFU: CONG XIANGSHANG GUANLI DAO XIANGXIA JIANRONG
作 者	［日］荒川诏四 著　　刘峥 译
出版发行	中国水利水电出版社 （北京市海淀区玉渊潭南路1号D座　100038） 网址：www.waterpub.com.cn E-mail：sales@mwr.gov.cn 电话：（010）68545888（营销中心）
经 售	北京科水图书销售有限公司 电话：（010）68545874、63202643 全国各地新华书店和相关出版物销售网点
排 版	北京水利万物传媒有限公司
印 刷	天津旭非印刷有限公司
规 格	146mm×210mm　32开本　7印张　113千字
版 次	2022年9月第1版　2022年9月第1次印刷
定 价	52.00元

凡购买我社图书，如有缺页、倒页、脱页的，本社营销中心负责调换
版权所有·侵权必究

做大事者成于细节

日本人做事，一板一眼，非常仔细，注重细节。译者曾就职于某世界五百强"日企"，一份普通的企业内部文件也要专人做、专人改，规范到每一个标点符号。译者对此一直不理解，有一段时间甚至认为这种做法过于重视细节而影响效率，对之嗤之以鼻。直到后来在"经营之神"松下幸之助的书《社员心得贴》中读到这样一段话，才慢慢开始对日本人为什么那么纠结于细节有了一点浅显的认识。

松下幸之助讲，当一位领导吩咐下属："我原本跟×××约好今天下午会面的，但是突然有急事不能赴约了，请你帮我给对方打个电话把会面时间改为明天。"相信谁都能完成这么简单的任务，但是完成得好不好区别却很大，直接影响领导对你的信任程度。此处的关键取决于后续一个很小的细节，即做完工作后是否能及时反馈结果。有的人在打完电话后及时给领导一个反馈，比如"我刚才按照您的意思给对方打完电话了，对方同意把会面时间改到明天"，而有的人不会这样做。站在领导的角度，虽然在派任务的时候大概推断对方会答应推迟会面，但是在没有收到对方的明确答复之前，心里依然会挂念这件事。下属的及时反馈让领导放下心来，日积月累，领导会认为及时反馈的下属更令人放心，更给人安全感，信任不断加深。松下幸之助强调，正是这类看似不起眼的小细节构筑了你和领导之间的信任关系。

作者荒川诏四从普通员工做起，一直做到普利司通公司社长的位置，几十年来积累了大量的工作心得和实用方法。他在本书中也讲了自己以前工作中的一个细节。当年荒川诏四还只是一名秘书课长，他的直属上司是高高在上的社长，为拉近自己与社长之间的距离，增强社长对自己的信任，荒川诏四坚持每天在正式开始一天的工作前跟社长当面打招呼，他把需要跟社长确认的事和需要请示的事都事先整理好，如果当天没什么需要问的，就聊两句当天的重要项目。通过这种形式，荒川诏四成功地给领导留下了积极主动工作的好印象，增进了领导对自己的信任。

仔细体会这两件事，其实根本不是什么难事，甚至可以说谁都可以做到。但是为什么很多人做不到？关键在于有没有这种重视细节、把细节做到极致的意识。这种意识会指导我们更好地与领导沟通，更有效地阐述自己的观点，更顺畅地推进工作。

作者在本书中共介绍了22种这类实用又方便操作的工作方法，每一种方法都是从作者的宝贵经验中精选出来的。如果说译者对其中的哪一点感触最深，那就是大处着眼、小处着手，把细节做到极致。

　　有幸翻译此书，如有不周之处，还望读者指正。此书所涉及的理论和方法，确有可取之处，也请读者多多学习和借鉴！

刘峥

2022年6月

前

言

怎样成为领导者的心腹

能否成为领导的心腹是影响职场人士职业发展的
一项重要因素。在一家企业中，除了领导，大家都是
部下，可是在领导眼中单纯优秀的部下和心腹是非常
不一样的，部下与心腹之间存在着本质的不同。

笔者曾在普利司通（Bridgestone）做过课长①、

---

① 课长是日本企业中的一种职位，级别高于普通员工，属于最低一级的管
理岗。一般课长之上是部长。——译者注

部长①、泰国法人代表②、欧洲法人代表及总公司的社长③，如今回头看，笔者在这些职位上都曾希望自己身边能有可信任的心腹。当然，公司内并没有名叫"心腹"的岗位，笔者也不可能对某个人说"希望你成为我的心腹"这类话，笔者所谓的心腹，是指当自己遇到困难，想听听别人的意见时，可以信任的人才，笔者在心中把这种人视为心腹。说白了就是笔者很赏识和看重他的见识。

被笔者视作心腹的人其实各有各的独特经历，但他们似乎拥有相同的思考方式。他们在"对事物的思考方式""对待工作的态度""与人交往"这些方面是一样的。

那是一种什么样的思考方式呢？

为了弄清这个问题，笔者决定写这本书。笔者在普利司通这家企业效力了四十多年，一直在全球商业

---

① 部长相当于公司内某部门负责人。——译者注
② 法人代表是指法人章程规定代表法人行使职权的负责人。——译者注
③ 社长相当于公司的总经理，公司的负责人和最高权利人。——译者注

最前沿打拼，如果结合自身的经验把领导者的心腹的思考方式讲明白，想必对于现在正在"挑大梁"的从业人员会有所助益。

心腹不是知识丰富的战略家

笔者想强调一点：提到"心腹"一词，大家联想到的大概是知识丰富、想法很多的战略家，但笔者所说的"心腹"并非这种，二者之间非常不同。

笔者认为商业领域中心腹给人留下的制定战略的刻板印象太过根深蒂固。

笔者所说的心腹具有制定用兵、作战计划和辅佐实施两项作用。制定战略和实施都很重要，但是对于笔者这种一直在经营管理一线摸爬滚打的人来说，当然实施更重要，因为不管你的战略多么出色，如果不能实施，都不过是纸上空谈。不能实施的战略不能称其为战略。而且，实施比制定战略更难。

确实，思考战略绝不是一件简单的事，但是只要充分分析现状并加以理性思考，就可以得出答案。人们还发明了诸如"SWOT分析""核心竞争力分析"等大量的思考工具，可有效辅助开展此类思考。如果有必要，还可以借助公司外部管理咨询师的力量。

但是在将战略付诸实施的过程中可能会遇到很多不好处理的障碍。公司是活生生的人的组合，一线有很多要素错综复杂地交织在一起，不是用一刀切的方式能解决的。再合情合理的战略也很难在放到一线后便能顺利地百分之百地得以实行。

当然，管理者可以以权压人，用自己的权势强力推进战略，一线人员未必会明确反对。但是对这种强制性的战略怀有反感的一线人员可能会采取磨洋工的对策，最坏的情况，甚至导致管理者与一线人员之间丧失信任。而实施过程中会涉及很多这类琐碎、微妙的问题。

成为能担重任的心腹

其实可以说，组织本身的结构已经决定了此类问题不可避免，因为手握制定战略权的高层级别越高离一线越远。可以说他们注定与一线那种只靠理论行不通的令人无可奈何的现实绝缘。因此，高层制定的周密战略并没有基于一线的实际情况，很可能沦为纸上谈兵。话虽如此，但一味照顾一线的战略又是没有意义的，因为战略并非现在的延伸，而应该是怎样倒推出来的（从未来倒推现在）。也就是说，战略与现状一定是一种非连续的状态。再进一步讲，战略中必然包含了否定现状的成分。

而一线是逐渐改进现状的（从现在预测未来），因此，倒推式战略必然招致一线人员的抵抗，如若战略始终照顾一线人员，则又失去了其最珍贵之处。

因此，心腹才是不可或缺的。一方面，心腹离一线很近，能与一线开展深度沟通，清楚地了解一线那些令人无可奈何的现实；另一方面，心腹又充分了解公司倒推式思考的重要性。对于远离一线的决策层而言，兼具上述两种视野的心腹给出的信息和方案是制定正确战略必不可少的。

同样，在战略实施阶段，心腹的辅佐也是必不可少的。

战略在实施过程中可能会受到一线人员的抵抗和反对，如果简单粗暴地用权力强行压制，会埋下祸根。这种时候就得既深入理解公司战略意图、又拥有一线人员信任的心腹出马进行斡旋，动之以情、晓之以理，让一线人员真正理解和接纳高层的指示，这个烦琐的过程就需要心腹所做的不可缺少的工作。

因此，笔者对把心腹单纯视为知识丰富的战略家这种刻板印象是警惕的。读了几本稍微有点难度的管理类图书就动辄搬出管理理论和分析框架的人只能遭到一线人员的反对。这样的人是没办法做好心腹的工作的。

制定战略时可以借助公司外部的咨询公司的力量，但是要实施战略，靠外部助力是绝对不现实的。

综上，能担此重任的人必须是在公司里干了多年、与各部门建立了良好信任关系的老员工。

领导者的心腹主要做什么

心腹的工作是非常有难度的，对此笔者深有体会。那是1988年的事，当时笔者四十岁出头，是一名一线的课长，突然被任命为社长直属的秘书课长。虽说只是区区的秘书课长，但是处理的根本不是普通业务。当时普利司通（Bridgestone）正要跟美国著名企业凡士通（Firestone）开展业务合作，社长业务繁忙，笔者被特别任命为辅助社长的特命员工。

这个项目对于当时的普利司通而言是决定企业命运的大项目。

轮胎这种商品的规格是国际通行的，没有国界屏障之说。行业竞争非常残酷，要么吞掉别人，要么被别人吞掉，各国企业间的竞争十分激烈，其中被吞掉的通常都是那些不成规模的弱者。当时，普利司通在日本虽是行业老大，但其商业基础过于集中在日本国内和亚洲地区，且来不及凭借一己之力开拓国际市场。此时正处于经营困难状态的凡士通进入了普利司通的视野，凡士通在全球各地拥有据点，普利司通与之合作可以快速增加全球市场份额。

心腹注定被卷入反对风暴

◀ 12

笔者刚出任秘书课长后不久，就出现了一件紧急事务，总部位于意大利的大型企业倍耐力（Pirelli）公开宣布收购凡士通的股票。一旦凡士通被倍耐力买下，普利司通将陷于极为不利的被动境地，社长清楚地意识到这一点，几乎是在瞬间做出了收购凡士通的决定，这一举措相当果敢。

收购金额约3300亿日元，这在当时是日本最大的一起日本企业收购海外企业的案子，公司内外出现很多否定、质疑的声音，"收购价格高得过分""能统一管理好吗？"

当然，这些反应实属正常。

当时公司一天亏损1亿日元，还发生了大规模召回事件，导致普利司通的经营状况非常差。这次收购不符合常规的盈亏财务分析，公司又缺乏国际化人才，从这些情况来讲，怎么看都只能看到风险。

但是如果不能成功完成本次收购，普利司通就没有未来。进行倒推式思考后不难发现，普利司通别无选择。因此社长咬牙顶住反对声浪，没有退让。而笔者作为社长的特命员工自然被卷入了这场风暴之中。

13 ▶

心腹是一件很土的工作

笔者的生活也因此发生了极大改变。收购项目按照美国时间开展，社长每天一早就到公司，因此笔者也每天5：30到岗，晚上11：00以后下班，连个像样的午饭都吃不上，都是趁着工作间歇匆匆奔去食堂胡乱吃两口又赶紧返回岗位，每天如此。

笔者的职责类似社长的分身，要上报给社长的大部分文件都会先汇总到笔者这里，社长做出指示的文件也全部先下达给笔者。

笔者每天经手几百份文件，每件都要过目，有不明处或疑问处需要一一向相关部门确认，有时为了更正确地传达文件，还会先做些补充性的说明标签，再呈给社长。社长问什么问题时笔者需要当即回答，否则便丧失了自身存在的意义。笔者的任务就是辅助社长在最短的时间内做出最好的决策。同时，接到社长的指示后，将其传达给各相关部门并加以说明，也是笔者的职责所在。如果只是没有诚意地草草说明，或者依仗着社长的威信傲慢下达指令，只会招致反感，底下的员工也不会发自心底地接纳，因此笔者需要在理和情两方面都下足功夫。

笔者的作用就类似于润滑剂，让领导与一线人员之间得以顺畅地沟通和交流，因此是非常低调和不起眼的。为了让已经忙得不可开交的一线人员接受社长下达的难题，笔者费尽了心思。甚至有时候会被人当面骂，这样的工作笔者却连着做了3年。

心腹的武器是离一线近

"能力都是被逼出来的。"回想当时的情形，笔者不得不承认这一点。当人身处一种靠自身实力应对不了的棘手环境中时，那种火烧眉毛的紧迫感会促使你绞尽脑汁地想办法，心里想着"必须得做点什么"，在这种强迫自己不断努力地摸爬滚打中，能力得以提升。这也就是所谓的人的成长。

笔者深感自己后来之所以能胜任普利司通的泰国法人代表、欧洲法人代表及总公司的社长，靠的正是那时锻炼出的能力。

经过普利司通管理层和全体员工多年以来的一致努力，凡士通收购案终于成功了，此举为普利司通日后超越法国的米其林（The Michelin Group）成为占据全球最大市场份额的行业翘楚奠定了基础。事后笔者一方面感慨当年社长的英明果决，一方面也为自己能在如此重要的大项目中略尽了绵薄之力而深感满足和开心。

如今回首当年，笔者发现社长让笔者做的正是心腹的工作。在笔者刚被任命为秘书课长后曾经去跟社长报到，社长对笔者说了这么一番话："你看起来老实巴交的，但是面对领导时却很敢说话，能直言不讳，不歪曲事实。我看中的正是这一点。"

而笔者最强大的武器就是离一线近。

当时频繁地到一线去，一边倾听一线人员的心声一边切身感受一线的真实状况。有时遇到一些有违社长心意的事情，如果确实对公司好，即便社长不高兴，笔者也会谨慎地组织语言，大胆进言。

社长也是人，有时听到笔者这么个资历尚浅的年轻人反对他会很生气，但是有时他确实会把笔者的话听进去，然后修改方针。就这样慢慢地社长越来越频繁地征求笔者的意见。

当然，当时的笔者也有很多不足之处。

但是，笔者想基于自己当年做心腹的切身经验，结合后来做社长后所倚重的心腹们的情况，在本书中谈谈自己对"领导者的心腹的思考方式"的认识。

本书中不会出现"SWOT分析""核心竞争力分析"等思考工具，介绍这种知识的书已经太多了。笔者希望在本书中能够一探自己见识的究竟，那是只有在商业世界真实的令人无可奈何的现实中摸爬滚打后才能掌握的硬核技能。

如今，世界正在经历新冠肺炎疫情危机。这次疫情在全球范围内所造成的经济打击和对现有社会秩序的改变比笔者以往所经历的泡沫经济破灭、次贷危机都严重。在这种情况下，过分纠结于"眼前的危机"是短视和危险的，越是在这种时候，越应该振作起来，以俯瞰全局的视野一边冷静应对变化，一边坚守管理的原理原则。这一点十分重要。

为此，对于需要在困难中做出决策的管理者而

言，能为其提供冷静视野的心腹是必不可少的。若本
书能为各位中层管理者提供一些灵感和价值，笔者将
不胜欣喜。

荒川诏四

2020年5月

目录

第五章　领导者的心腹**如何与团队沟通**

第一章

领导者的心腹
应该怎么做

01 | 顺从
▶ | 不是美德

心腹补充领导的不足

我曾历任普利司通的泰国法人代表、欧洲法人代表，以及总公司的社长，其间始终求贤若渴，不断地发掘心腹。当然并不存在领导者的"心腹"这种职位，我所说的心腹是自己在心中这样定位的，当自己遇到困扰或不知如何是好时，或明里或暗里给予自己支持和帮助的人，我就称之为心腹。

为什么要找心腹呢？理由很简单，因为我不是完人。一个人不会因为做了社长一下子就变得完美无缺。尽管自身存在不足，但作为社长，为了更好地尽到自己的职责，就需要找心腹辅佐自己，弥补自身的不足。

有些人一旦升职便妄自尊大起来，错以为自己比别人都优秀，对部下傲慢专横，我认为这种人实在是丢脸。

说起来，升职这种事原本就没什么定数，大多时候靠的是偶然。偶然，你的直属领导升职了，然后你也跟着被提拔了；偶然，从工龄上来看没有比你更合适的人选，然后你就成了领导。升职就是这么回事。我自己也是这样的。虽然被任命为社长，但是冷静分析一下周围就知道，自己的能力显然并没有高出别人许多，只是偶然坐上了社长的位子罢了。如果这样还沾沾自喜、充满优越感的话，那只能是自取其辱。

而且，我接触过很多世界各地的商业精英，确信人与人之间的能力差距并没有多大。其中当然也有能力出众、让人忍不住称奇的，但那是凤毛麟角。包括我自己在内的大多数人，水平都是差不多的。

当然我在当上社长之前，在一线积累了丰富的基层经验，掌握了必要的知识，深化了对管理的理解，提升了见识。这点自负是有的，但是我很清楚自己有几斤几两。因此，作为社长，为了做出正确判断，必须在清醒地认识自身能力局限性的基础上，向包括部下在内的其他人学习，除此之外没有别的捷径。

心腹要不断思考为什么

单纯的部下并不等同于心腹。

为什么呢?《大辞泉》①中"部下"一词的解释是"在组织中，隶属于某个人下面，听从领导的指示、命令而行动的人"。

作为组织中的一员，听从领导的指示、命令而行动是必需的，但是简单顺从地执行指示、命令，还是

①《大辞泉》是由日本的小学馆发行的中型国语辞典。——译者注

在理解指示、命令的意图和背景基础上行动，二者之间天差地别。前者只是在被动地做事，后者却在用自己的大脑思考，具有主观能动性。能成为心腹的，一定是凡事都爱用自己的大脑思考的人。

这样的人有时也会让人头疼。如果他们赞同指示、命令背后的意图和背景，那么行动是非常有效的；如果他们不赞同，那么就有可能变成反对派。但这种程度的情况也能被接受。其实正是因为这类人提出"为什么做出这样的指示、命令""这一指示、命令存在这样的问题"，领导才得以拓展新的视野，从而深化思考。

当然，人在年轻的时候可能视野比较窄，容易钻牛角尖，有时会坚持一些不太正确的东西。但是，只要遇事多问为什么，凡事多动脑筋思考，就能慢慢拓宽视野，深化思考。只有这样的人，才能成长为心腹。

如果运气不佳，遇到一位只要求部下百分百顺从的领导，爱独立思考的人或许会吃些苦头。但是在我看来，这样的领导是不合格的，他手下的那帮人也不过是乌合之众。

有头脑的人不应该为了适应这样的组织而勉强自己停止思考，有时出于情不得已可能还需要表里不一，但这种经历也是一种锻炼。独立思考有时也会变成风险，但是对于心腹而言，顺从绝对不是美德。

独立思考有时会变成风险

说起来，我刚加入普利司通时早早地就接受过一场洗礼。

在作为新员工入职培训的一个环节中，公司安排我们去工厂参观。工厂占地特别大，从外面看显得特别气派。我看到后不由感慨："真厉害呀！"但是越往里走，越觉得不对劲儿，相较于这么大面积的场地，机器设备实在是太少了。

我向带领我们参观的同事请教："工厂中机器设

备的占地占总面积的多少？”对方回答：“占17%。”
我不禁好奇其他场地都用来做什么了，于是一边参观
一边观察，发现基本到处都堆满了等待运往下一环节
的橡胶半成品。

"为什么堆了这么多半成品？如果减少半成品，
增加机器设备，岂不是能提高轮胎产量。看来生产线
的效率并不高。”我在心里一边狐疑，一边思考从把
原材料投入机器到产出轮胎成品需要花费多长时间这
个问题，然后跟生产线上各环节的员工一一询问，得
到的结果是：所有环节都加起来也不到1个小时。但
是实际上据说这一生产过程所需的时间24小时都不
止。我心里抱着"真奇怪！为什么是这样的情况呢"
的疑问结束了那次工厂参观。

心腹应该坚持真我

参观结束后有一个新员工发言陈述感想的环节，

我身边的其他同事说的都是些无关痛痒的场面话，什么"我第一次有机会去工厂参观，明白了轮胎是怎么做出来的，特别兴奋""看到大家在一线如此卖力地工作，我特别感动"之类的话。

但是作为主持人的工厂干部笑着对大家说："参观结束了，希望各位新员工坦率地给我们提提意见。"于是我把自己心中的狐疑直接说了出来，因为对方想听听坦率的意见。

但是工厂干部的表情从有笑容一下子变得难看，然后特别生气。盛怒之下对我喊道："混蛋！你一个新进来的懂什么！你什么都不了解！轮胎工厂就是这样的，是有很多原因的……"

我没想到对方会这么生气，心里不满地嘀咕："不是你说想听坦率的意见吗？"我记得自己当时吓得出了一身汗，心想："完了，刚进公司就发生了这种事……"如今回过头去看，觉得这就是一桩笑谈，但是让我体会到独立思考有风险这一真相，有种接受洗礼的感觉。在那之后，紧接着又发生了一件让我高兴的事。

参观结束，即将离开工厂之际，一位课长叫住我，对我说："你作为一名新员工能注意到那些问题很了不起，实际上那些问题确实需要解决，你很善于思考。"那位课长的话我至今无法忘记。他的一席话让我认识到，只要你勤动脑、敢坚持，总会有人支持你。这也是一件让人回想起来能感到幸福的一件小事。

后来随着自己业务经验的积累，我慢慢知道了一线那种令人无可奈何的现实，从而理解了当初工厂干部发火并非毫无道理。

连我这种新人都能看出的问题，对此一线人员当然是非常清楚的，他们自己很明白生产线存在各种问题。工厂的干部为了解决这些问题每天都在努力，但是效果并不理想。一个对这种艰难一无所知的新人上来就不知深浅地口吐狂言，工厂干部大怒也是很正常的。

总而言之，我的职场生涯就这样拉开了序幕。

这件事说来惭愧，但它是我的一个起点，因为在那之后我也始终坚持独立思考，直至自己从心眼儿里完全接纳为止。如果遇到自己不能认同的事情，就会坦率地说出来。不这样做我会非常难受。虽说我只是区区一介雇员，但是不能因此就改变自己，去逢迎别人。

因为坚守自己，我会被别人骂混蛋，也会在会议室遭白眼，但是正因如此，我才能得到社长"你看起来老实巴交的，但是面对领导时却很敢说话，能直言不讳，不歪曲事实。我看中的正是这一点"这样中肯的评价和肯定，获得成为社长心腹的机会。

02 ▸ | 心腹
会先领导一步

不当领导身后的跟班儿

　　心腹的作用就是像黑子[①]那样默默支持着站在前面的领导，对此见解，大概没人会反对，但是有一点需要注意，不能因为站在前面的是领导，心腹就仅仅跟随在后。甚至可以说正相反，心腹如果不能抢先领导一步，那就是失职。心腹应该非常清楚领导前进的

[①] 黑子是日本戏剧中的一种职业名称，是在歌舞伎表演换场中搬运道具的后台人员。——译者注

方向，然后提前一步做准备，以便领导能够以最快的速度向前推进。心腹的工作真的像极了歌舞伎中的黑子。

　　我是在当社长直属的秘书课长时明白的这一点。当时的那位社长是非常严于律己的，我被任命为秘书课长时他曾经给我打预防针说："秘书可是要365天每天24小时工作的。"这句话不单单意味着我在时间上失去了自由，还侧面反映出社长自身对待工作的态度。他是个工作狂，工作起来常让人纳闷："他几点睡觉？"给这种人做心腹其实特别累。

　　社长是一位非常优秀的企业家，常能走一步看十步。下象棋时，新手只能提前看两三手，但专业棋手却能提前看十几手。社长就像专业棋手，当某种突发状况出现时，他能在瞬间全面地评估该状况对公司内外将造成何种影响，然后进一步讨论对那些受到影响的相关人员该做些什么。为了保证事情进展顺利，他总会提前布局。

　　但是，他不会对我一一下达具体指示，这也是理所当然的。社长不但要亲自操刀凡士通收购这样的大项目，还要为公司所有的问题操心，365天每天24小时操劳不止，根本没时间给我下达详细指示，社长不会为这种事浪费时间和精力。

但是刚当上秘书课长的我基本等于象棋新手，经常会发生社长问"那件事怎么样了""这件事的会议安排在几点"而自己答不上来的情况。当然，社长很不高兴，经常严厉地责备我。

◀ 014

打招呼是心腹的武器

想把365天每天24小时都在工作、提前把好几步都布局好的领导服务好，心腹必须先他一步。如果只是做上面交代的事情，顶多不过落得个普通的评价，当领导问你"那件事怎么样了"时，其实等于在说"你没好好干活儿""你没用"，因此我在心里坚定了"自己必须得更先一步"的信念。

　　我有意识地做的第一件事其实是一件非常朴素的事。我每天看好时机，趁着社长刚来公司稍事休息后的时间去跟他打招呼，每次不超过1分钟。这个每天主动打招呼的习惯非常有效地缩短了我和社长间的距离感和时差。

　　在此之前，领导虽然每天都坐在自己面前，但是作为大企业一把手的社长还是在感觉上给人一种距离感。而且，社长是一个很严厉的人，让人不好亲近。如果我不主动向他靠近，距离只能是越来越远。

　　这时打招呼是最好的武器，没有人会在笑着打招呼后转脸就怒气相对的。我每天坚持主动跟社长打招呼，自然而然地就拉近了与他之间的距离。

　　当然，社长与我之间连着直通电话，他随时可以呼叫我，但是那里面含着等待、追赶的意思，与我主动抢先出击性质截然不同。因此，每天在正式开始工作前，我把需要跟社长确认的事和需要请示他的事都事先整理好，如果当天没什么需要问的，就聊两句当天的重要项目。通过这种每天打招呼的形式，我当面得到了社长的重要指示。就这样简单的一点，也算是一种抢先。

更重要的是，这样的态度直接与信任产生关联。后来有一位公司里的高管告诉我，社长曾经对他说"荒川每天第一件事就是来跟我打招呼，真是个积极的家伙"，这就是打招呼具有的巨大威力。

与领导的大脑同步

◀ 016

接下来，我认真做的第二件事是仔细检查呈给社长审批的文件。

相当多上报给社长审批的文件都要经我的手，这时我要做的是认真检查这些文件中是否包含了足够支持社长做出决定的材料，因为我的职责就是辅助社长在最短的时间内做出最佳决策。

如果报上来的是项目相关的文件，我会从多方面仔细检查社长可能会关心的各种因素，比如风险及其他相关事宜。遇到不明确的地方或不充足的情况，我会直接去相关部门找负责人了解情况，而不是简单地打一通电话。这样做有很多的好处，既能加深自己与一线人员之间的交情，又能更为充分地沟通情况，了解事实。然后我把材料补充完整，上交给社长。即便如此，有时还是会被社长叫过去问"这是什么意思""这个没有相关数据吗"之类的话。如果我当场没能答出来，待审批的文件会被退回。一旦社长说出"光看这些我没办法做决定"的话，那么就是我工作没做到位。此外，那些标注了同意或不同意的文件，以及有时出于某种必要标记了"△""？"等符号的文件都会下达给我。所有这些文件都成了我的学习材料，通过每天重复这一过程，我渐渐从那些文件中摸索出"社长做决定时需要参考哪些信息""社长是出于什么考虑做出决定的"也可以说，我的大脑渐渐开始与社长的大脑同步。

此外，全公司的信息都汇报给社长，在这一过程中我自然而然地掌握了整个公司的真实动态。而我又

不可能把这些细枝末节全部报告给社长，久而久之，
我就比社长更清楚一线的具体情况了。

心腹要先于领导做准备

先于领导做准备，这成了我的武器。

比如，在与凡士通的交涉过程和经营统合（PMI）
过程中，一旦出现什么问题，我能立刻从繁杂的一线
信息中筛选出对于社长做决策有用的信息。或者立刻
判断出应该找哪个部门，当即收集信息。还有时候，
我判断有必要与相关部门开会进行内部调整时，就向
社长提出开会的建议。

一旦自己的大脑与领导的大脑实现同步，就能在
很多事情上揣测出领导接下来的前进方向，进而就能
不等领导吩咐，自己抢先一步行动起来。

当然，心腹不可能把事情做到完美的程度，主要
事情是在自己抢先准备好的方向上顺利推进，领导能

◀ 018

第一章　领导者的心腹应该怎么做 👍

迅速有效地做出决定，自己就有一种作为心腹能力又提升了的成就感。

　　社长（领导）最重要的工作是做决定。因此，心腹想要最大限度地支持领导，就得把他做决定所需的必要材料全部准备齐全。单纯站在领导身后听命令的跟班儿胜任不了心腹的工作。

把领导
看成机构

在被规定好的环境中做出成绩

我们不能挑选领导。组织中的人力资源部在开展工作时总是会综合各种复杂因素，即使你有机会跟人事提出转岗申请，也基本不能如愿。在被规定好的环境中努力做出业绩，除此之外没有别的路可走，这就是从属于组织者的宿命。相信大家都认同这一点。

换句话讲，也就是说遇到一位与自己对脾气的领导的可能性很低，这就是现实。但值得庆幸的是，我遇到的基本都是很好的领导，对此我非常感恩，但是即便如此，我依然遇到过感觉这件事不好办的情况。

我原本就不是非常善于社交的人，因此不单是和领导，和任何人相处时我都是加倍小心的。特别是随着自己的职位越来越高，越发感到沟通的难度。

日本有句俗话叫"地位创造人"，我对这句话甚是怀疑。包括我自己在内，一般人对这句话的理解，不是努力让自己成长为与职位匹配的人，而是因为自己坐在这个位子上，所以傲慢地认为自己比别人都优秀。我认为"地位创造了愚蠢的人"才更接近真相。

可以说，只有能清醒地认识到自身的问题并高度自律的人才能成为真正名副其实的领导者。我之前服务过的那位社长就是一位这样的人物，在我刚上任秘书课长时，他曾经对我说："你看起来老实巴交的，但是面对领导时却很敢说话，能直言不讳，不歪曲事实。我看中的正是这一点。"其实这后面还有两句话："不管是谁，一旦坐上社长的位子就变成了《皇帝的新装》中的皇帝，我想自己也早已经变成了裸体的皇帝，这真可怕。"

换句话讲，他意识到了自己可能存在问题，并害怕自己犯愚蠢的错误。仅凭他拥有如此清醒的自我认知这一点，我就认为他是一位了不起的人物。

不过分在意负面情绪

不管怎样，我们最好先做到心里有数，世界上不存在什么与自己合得来的领导。不管是谁，如果与领导不对脾气，都会感到压力；如果运气再差一点，遇到一位《皇帝的新装》中的皇帝那样的傲慢领导，还会尝到精神上的痛苦。无论如何，对领导的负面情绪都会涌上心头。

在我看来，这种情绪实在是在所难免，对待这种自然萌生出的感情，并不能刻意地去压抑或抹掉。然而，作为心腹，如果被这种情绪左右，做出意气用事的事情那就不应该了。我们只能把它放在旁边，不掺杂进工作中去。

话说回来，公司不是以感情联系为基础建立起来的团体，比如家庭、村落等，公司是人类社会组织形态之一，为达成某种目标而组建的利益团体，它原本就不是以感情联系为基础而建立起来的团体，在公司中谈合不合得来这种问题本身就不相宜。比起合不合得来，我们更应该把注意力集中在达成目标上。

把领导看成机构

因此，我并不把领导看作人，而是看作机构。如果把领导看作人，难免会受到各种各样的负面情绪的困扰，但是如果你只把他看作为了达成工作目的而设立的公司机构，结果会怎样？

你会抛开好恶，清楚地意识到自己的职责就是为了让机构最大限度地发挥作用而全力支持它，从而集中到自己的工作中。公司是人们为了达成目的组建起来的利益集团，这里的行为准则就是符合目的性这一点。

　　我这样讲，可能有人会误解。你可能会反问：不把领导看作人这种说法岂不是很违背人天然的感情规律？其实正相反。因为，一旦把领导看作机构，为了让它最大限度地发挥功效，你需要努力去体谅对方，一方面要照顾对方的情绪，一方面要约束自己的言行。如果没有一颗温暖的心，就没办法驱动领导这一机构。

　　英国著名经济学家阿尔弗雷德·马歇尔（Alfred Marshall）曾经说过，对于经济学家而言，"冷静的头脑和温暖的心"（cool head but warm heart）是必不可少的。确实如此！心腹想要尽到自己的职责，"cool head but warm heart"也是必不可少的。

◀ 024

不用笨拙地讨好领导

　　反过来讲，可以说心腹完全没必要去博取领导对自己的好感。

　　当然，如果领导讨厌你，那自然是无法做好心腹的。但是心腹根本无须刻意地去讨好领导，心腹只需以"cool head but warm heart"保证领导这一机构正常发挥作用。久而久之，你们之间自然会产生一种联系。

　　可以说，如果心腹处理得不巧妙，讨好领导反而存在很大风险。有些员工对领导唯命是从，专挑领导爱听的话说，我这么说可能有点儿难听，普通的员工这样做也就算了，心腹也这样的话，那就是下下策了，是不能原谅的。因为这样的行为与《皇帝的新装》里和裸体皇帝说"这衣服多么好看啊"并无区别，其结果，会导致领导这一机构失灵，把这样的行为称为"犯罪"也不为过。

04 ▶ | 给领导
创造思考环境

拎包人不是打杂的

我刚出任秘书课长那段时间，曾经有个毒舌的同事取笑我说："你身为社长直属员工，做的却是些拎包之类的杂活儿，跟普通员工也没什么区别。""拎包人"这个词并不是比喻，当时我跟着社长满世界跑，实际上社长的全部包裹都是我背着的，真如那字面意思，是个拎包人。

但是，我并不认为拎包人是打杂的。虽然社长要自己拿自己的行李，但是我坚决地拒绝了，"不，那不行，我来拿"。我坚持做拎包人，是因为当时普利司通刚完成对凡士通的收购，社长因为经营统合的事情满世界考察凡士通在全球的业务，需要做出很多重大决策。

凡士通的收购金额是3300亿日元，这在当时是日本企业收购外资企业的所有项目中金额最大的一个，因此，不仅普利司通公司内部，就连整个日本也找不出一个有相关经验的人。我们当时只能靠自己思考，摸着石头过河。

而且，虽说收购手续办完了，但接下来的阶段才是真正的考验，从我20年的相关经验来看，在整个凡士通收购与经营统合过程中，如果企业并购占20%的话，接下来的经营统合则占80%。收购时所做的工作虽然很多，但收购后的工作量还是远远超出之前，出现了特别多的难题。

创造深度思考的环境

此外，当时正在发生日美贸易摩擦，美国主张将日本列为"超级301条款"适用国，轮胎行业虽不属于摩擦对象，但是日本企业收购美国名企凡士通，此举仍激起了美国人情感上的抵触。

当时有一位美国企业的CEO曾经出言不逊："即便日本企业收购了美国的知名企业，也不是马上就能与我的企业交易的。"这样的外部环境要求社长举手投足间都必须倍加小心，容不得出错。

在那样的情况下，即便社长在决策时犯一点小错误，都会造成非常严重的影响。因此，我考虑到必须保证社长无论是在日常的办公室还是在出差过程中，一年365天每天24小时都不为琐事分心，专心思考做决策，因此毅然做起了拎包人的角色。

即便是在出差途中，也要保障社长全身心投入思考。如果社长自己拎沉重的行李，会加重身体负担，思维变迟钝。而且，如果社长出差过程中因为拿行李不小心摔倒受伤，再住上两三天院，那更了不得。而且，办理行李托运需要等半天行李，很浪费时间。当时航空公司对背行李进客舱的行为管得也不太严。所以当时我把社长的和自己的行李统统背上飞机，两个人的行李我一个人来拿，与其说是拎包人，不如说背包人更形象、更准确。

如何发挥领导的功能

"拎包人"一词中含有蔑视的意味。《实用日本语表现词典》对它的解释是"给领导拎包的随从人员，引申为一味顺从于领导的人，含有蔑视成分"。但是判断一个人是否一味地顺从领导，应该看他的内在心理，我认为那些为了充分发挥领导的功能，能心甘情愿地充当拎包人的人方能成长为心腹。

历史上赫赫有名的丰臣秀吉也是这样的。关于丰臣秀吉，流传这么一种说法，说他曾经把织田信长的鞋揣进自己怀中，为他温鞋。

丰臣秀吉十几岁的时候曾经给织田信长做杂役，相传他的主要工作就是取鞋（随时拿着主人的鞋，当主人要出门时，第一时间把鞋放到主人的脚下）。有一天天气寒冷，织田信长要外出，穿鞋时发现鞋居然是温的，于是心生狐疑，问丰臣秀吉："你把我的鞋坐在屁股底下来着吧？"丰臣秀吉却回答说："我把鞋放在怀里温着，这样您穿鞋时就不会被冰到了。"

丰臣秀吉的这种行为打动了织田信长，后来丰臣秀吉成了织田信长的心腹。

这则传说的真假我们先放在一边不谈，一般大家都把这件事看成丰臣秀吉讨好织田信长，谋取提拔的方式，我的看法却有些不同。我读了不少史书，知道织田信长是很英明的，这样的一位人物不太可能单纯因为讨好就被蛊惑。而且，后来权倾天下的丰臣秀吉也不可能是一个单纯靠讨好上位的人。丰臣秀吉怕室外的严寒让织田信长的大脑变迟钝、行动变缓慢，所以才为他温鞋，这么理解这则传说不是更合情理吗？

换句话讲，丰田秀吉想让织田信长最大限度地发挥领导的功能。别人都把丰田秀吉的这一行为看作讨好，但是英明睿智的织田信长从中看到了丰田秀吉的理性，才对其委以心腹的重任。

不让社长浪费精力

031 ▶

这件事情我是这样理解的，从客观物质层面来讲，拎包这个活儿确实非常繁重，肉体上稍微吃些苦，但是精神上丝毫不觉得苦。因为在我看来，让领导这一机构最大限度地发挥作用正是自己的职责所在，我可以自负地说一句，自己做所有工作时所秉持的都是与拎包一样的心理。

本书前文中也曾提到过，我当时正身处一件能决定公司命运的重要项目的旋涡之中，必须最大限度地提高社长做决定的速度和精确度，因此我尽可能避免让社长为琐事分心，使他能够集中精力处理重要事项。

在日常工作中，所有报上来的草案我都会过目。如果是普通项目，我除了补充缺失的信息，还会提出自己认为正确的解决对策及相应依据，以便社长能当场做决定。如果我的意见有说服力，社长会说"就这么办吧"，当场做出决定。我这么做，目的是不让社长在普通项目上浪费宝贵的精力。如果是重要项目，且社长已经做出了某种决定，我将推测接下来需要开展哪些工作，然后，或是召开董事会，或是与相关人员开会，或是制作内部通知文件等，向社长提出自己的建议。我率先这样做，把环境预先为社长准备好，他就能集中精力思考下一步了。

全心全意地辅佐社长

领导做出的重要决定有时会引发公司内部的冲突，为了把这种冲突降到最低程度，我总是去各相关部门做协调，耐心地沟通情况，争取对方的理解。这一点也非常重要。如果反对变得表面化，社长就得拿出很多精力亲自处理，这必将严重妨碍社长的对外决策。

这种沟通协调的活儿交给我来办，把公司内部的反对降到最低，社长才能安心做别的。这种安心感非常重要，等于为社长解决了后顾之忧，他不必再为已经做出的决定费任何心，能够更好地集中精力做下一步。

我作为秘书课长时就是这样全心全意地辅助社长做重大决定，尽一切可能让社长这一机构最大限度地发挥作用。在实际工作中我做了很多，做每项工作时都是怀着与出差时替社长拎包一样的心理。

大概一提到心腹，很多人想到的就是给领导提战略意见，其实这不过是心腹众多工作中的一部分。在此之前，工作中如果没有一股拎包人的劲头，力争最大限度发挥出领导这一机构的功能，领导是不会把你看作心腹加以信任的。在做"高大上"的工作之前，

033 ▶

必须做好拎包人，否则领导不会视你为心腹。

当然我必须坦率地承认，自己也有过作为拎包人的失败经历，那是有一次我陪同社长去芝加哥出差时发生的事。我们到达机场后，照例由我拿着社长的全部行李，社长因为空着手入境，被海关的工作人员扣留盘问，原本是想省事儿的，结果适得其反。海关的工作人员见社长空着手，感觉异常，便把他带去其他房间严格盘问了一番。导致不但浪费了社长的时间，还让他在精神层面受到了压力，我认为自己作为心腹非常失职。见社长从询问室走出来，我正要上前道歉，不料社长却对我说："服了服了，我跟他们说自己是来芝加哥参加商务会议的，他们反问我：'你为什么连件换洗的衣服都没带呢？这不是很可疑吗？'责问了半天呢。看来以后我至少得拿一件行李了。"说毕，哈哈大笑起来，很高兴的样子。至今我依然记得社长当时的笑容，说起来真是怀念。

第二章

领导者的心腹
应该怎么想

05 | 坚持不同于
领导的自律性

▶ |

完全配合领导的工作风格

　　心腹是配角。握有决定权的主角说到底还是领导，为最大限度地发挥领导的作用而从旁协助的心腹只能甘当不起眼的配角。有的人为实现自己的隐秘意图试图控制领导，我认为这不是心腹该做的事。心腹该做的说到底不过是深刻理解领导所追求的目标，并忠诚执行。率领组织、扛大旗的人只能是领导。

　　谈到工作风格，自然也应该与领导保持一致。

　　如果领导是急脾气，即便是面对面交谈也应尽可能简短，资料更应精简，只包含要点即可。如果领导喜欢充分沟通，则应采用另外一种工作方式。如果不守好领导为主心腹为辅的位置关系，二者的关系很难维持下去。

不同风格的领导，做决定时所需要的信息也不一样。如果是重视理论的领导，心腹需要准备好详细的数据资料；如果是重视内部团结的领导，心腹则需要第一时间向领导传递一线最新的情况。如果心腹不能像这般灵活适应领导的风格，领导在做决定时会认为信息不足，不利于当即做出决策。为了最大限度发挥领导这一机构的功能，心腹应该配合领导的风格。

◀ 038

独立思考"什么是正确的"

虽说如此，但是心腹不能因此就放弃自律性。甚至可以说，失掉自律性的心腹，就不再是一名合格的心腹了。因为这个世界上不存在完美无缺的领导，如果说心腹最主要的任务是弥补领导者这种先天的不足，那么作为一个自律的个体，保持独立于领导的思考力和判断力是对心腹的必然要求。

这一点也是当年我给社长做秘书课长时，领导真正看中的本质。当初社长对我说的话，如今回过头去看，我认为这句话的深层含义是"我期待你充分发挥自身的自律性"。

其实发生过这样一件事。当时处于收购凡士通项目中的某个谈判环节，我因为一份具有法律约束力的合同与社长产生分歧，关系一度很紧张。

那么大一个收购项目自然会签署很多具有法律约束力的合同，其中有一份合同里包含了非常敏感的内容，如果传到公司外部去，将违反与对方签署的保密协议，可能造成股价大跌。

但是一般来讲，公司在签署具有法律约束力的合同前必须获得董事会的同意，普利司通内部也是这样规定的。当时公司董事会有二十多人，如果在董事会上介绍合同详情，造成信息泄露的风险是非常高的。

社长判断的结果是需要秘密推进这件事。我很理
解社长，一旦开会讨论，极有可能造成信息泄露。而
且，收购凡士通这件事已经在董事会上通过了，收购
合同作为整个收购项目中的一部分可以视为已获得董
事会的同意。

但是我认为社长这一判断是错误的。如果这次不
经董事会同意秘密签署合同的话，那就不符合公司流
程，我认为这种事情最好不要发生。就算暗地里悄悄
地把合同签了，等到案例公开后也会在公司内外造成
混乱，导致大家的不信任。我不能让社长过这么危险
的桥。遵守规则是商业的原理原则，正确地遵守这些
原理原则是风险最小的正确选项。

◀ 040

怎样避免与领导的对立

我平静地说出自己的反对意见，但是社长并不示
弱。他瞪着我，用平时很少有的激烈语气一口气对我

说："这些话你不说我也知道，我要说的是，即便如此，也要在这个基础上想办法做点儿什么。"说这话时，社长实在太有气势了，以至于我下意识地胆怯起来。

但是，如果我在这一点上让步，到头来承担责任的还是社长。我明白单纯反对并没什么用，必须想办法解决问题才是正道。社长担心的是信息泄露，如果能将泄露的风险降到最低，社长就没理由再反对召开董事会了。

尴尬的沉默大概持续了一分钟，突然我有了主意。我想到的办法是这样的：一般召开董事会时都会把全部资料打印好分发给与会的各位，当然也不限制大家做笔记，但是这次开会，我们可以严格禁止做笔记，重要的资料不打印，直接用投影仪投射在幕布上。部分分发给大家不涉及信息泄露的资料，会议结束后马上收回。即便这么做，还是存在信息泄露的风险，但是我认为大家不可能在短时间内靠大脑记下那些详细的数字和信息，这样做能把风险控制在最低限度。

　　社长听完我的想法后，沉默地凝视着一个地方思考了一会儿，随后"丢"出一句话："知道了，就这么办吧。"刚才快要跟我吵起来的社长，现在虽然没有什么好脾气，但还是采纳了我的意见。

领导面临危机时怎么做

　　到了召开董事会的那天，这种非常规的开会方式又遭到了几名董事的反对。只是改变了一下开会方式，绝不能因此就阻碍事情正常推进。我坦诚地跟董事们解释："这个项目非常重要，绝对不允许出现信息泄露的情况，因此我们这次会议采取了这种方式。"如此一来，董事们也就没有了反对的理由。而且，以这种方式召开董事会对于董事们而言是有好处的，就算会后真发生了信息泄露的问题，也能洗刷他们的嫌疑。

　　就这样，我们召开了一次非常规方式的董事会，与平时相比，会上气氛格外肃穆，那份合同最终得以顺利通过。我迅速地回收了会议资料，董事会如预期的那样顺利结束了，没有发生任何信息泄露的问题，收购项目稳步推进。

　　如果当时社长对我吼："这些话你不说我也知道，我要说的是，即便如此，也要在这个基础上想办法做点儿什么。"而我回答："是吗？原来您已经考虑过这些，然后才做的决定。我明白了，接下来我会按照您指示的那样去做准备。"那么我就是做了逃避心腹职责的事情。

　　然后，如果之后有人指出这么做违反了公司规定，我也可以说："我曾经对社长的决定提出过一次反对意见，但是后来社长还是强行下达了指示，我也只能被迫接受。"

　　但是这种方式，普通部下或许可以这么做，心腹是万万不能这么做的。心腹应该是守护社长的，当社长深陷危机时，断不能逃跑。

思考上容易出现盲点

不管领导多么优秀，都不可能一直做出完美判断，特别是在面临巨大风险的时候，人们往往把精力过度集中在风险上，这样容易产生盲点。

而且，"恐怖"的是社长非常有权威，影响力过于强大，这导致即便召集主要董事集体讨论，实行少数服从多数的意思表决，也不太可能出现大家各抒己见，多种意见充分交锋后得出一个最佳解决方案的理想状态。因为大家会受到社长意见的影响，合议制名存实亡，发挥不出它自身的优点。

此外，大家都把注意力放在解决眼前的紧急问题上，急于得出结论，其结果是，虽然大家一起讨论了，却可能集体忽略了盲点。

正因如此，心腹的作用才显得尤为重要。社长及董事这一层级的人，身负的职责越重，越容易陷入视野狭隘的境地，但是心腹身上没有这些责任。正因如此，比起领导，心腹思想负担轻，更容易坚定信念。心腹的这点优势使他不只把视线集中在问题和解决方案等上面，还能以一种全局视野俯瞰整体，从而在更大的框架内思考周边情况及各种各样的利益相关者之间的复杂关系。心腹能够从其他视角出发，冷静地审视当前大家正在讨论的解决之策，"能够兼顾平衡吗""有没有哪里不对劲儿""是否违反了原理原则"等。通过这么做，心腹能够发现一些意想不到的盲点。

从这一层面来讲，心腹必须不受社长等人营造出的氛围影响，保持自律性，始终冷静地独立思考。而且，即便受到社长等人的反对，也要坦诚地把自己发现的盲点指出来，这么做正是为了守护社长。

06 ▶ 自我表现是 非理性的行为

能力强是心腹的一个条件

能力强是心腹的一个条件，这点毋庸置疑。我做社长时，身边的心腹也都很有能力，但是能力强是成为心腹的必要条件，而非充分条件。一个人，就算你的能力再高，仅凭这一点也很难做好心腹。

那么，我们应该怎么分辨那些能力出众但并不适合做心腹的人呢？在众多评判标准中，有一点不容忽视，那就是看他在能力低的领导手下做事时的表现。

近些年来，日本的年功序列工资制度①已经被弃用，因此完全无能的领导在减少，但是现实中能力强的领导依然非常少。组织里的人事安排是各种力量平衡的结果，不可能纯粹按照能力的高低排序，所谓组织就是这么一种东西。

因此，可以说能力越强的人，对领导越不满，这可以说是一种必然。其实，不管是现在还是以前，抱怨"领导太蠢，简直没法开展工作"的人始终都有。我年轻时也曾经这么想过，人们在没有认清组织的本质之前难免会这么想。

但是，总在抱怨领导的人，即便他的能力再强，工作的业绩再好，都不适合做心腹。心腹的作用是充分发挥领导的功能，就算领导的能力再差也应该这样做，这点是作为心腹的应有之义。从这个角度来讲，

①年功序列工资制是日本企业一种简单的工资制度，其主要内容是员工的基本工资随员工本人的年龄和企业工龄的增长而每年增加，而且增加工资有一定的序列，按各企业自行规定的年功工资表次序增加，故称年功序列工资制。——译者注

我们甚至可以把抱怨领导的行为看作心腹没有足够的实力使领导充分发挥功能的一种表现，这无异于向天而唾。

不做让领导丢脸的事

把领导放在一边，心腹自己主持工作这种事也不应该出现。确实，能力强的部下代替领导完成工作的话，看起来顺利很多，但是那并非在辅助发挥领导的功能，而只是让领导丢脸罢了。这样做，一旦导致心腹与领导之间的关系恶化，将会影响职场正常开展工作。

其实，以前发生过这种事。当时我当部长，我下面直属的课长是一位从其他公司跳槽过来的精英，他非常擅长计算，在整理数据方面最是出色，但是，因为他进公司时日不多，对轮胎行业和公司内部的情况都不太了解。因此，我派了一名能干的老员工给他当部下，辅助他开展工作。

但是，事情并不像我想象的那样顺利，他们俩因为一些小事产生了矛盾。比如，有一次我让课长做一份资料，但他交过来的东西并不是我想要的，我把要求仔细地对他说了一遍，让他重新做，后来他跟那位部下一起来交资料。再次交上来的资料依然不是我想要的，当我说出自己的看法后，课长想说什么，却被部下打断了。部下说："果然是这样，我手上还有另一份资料，我把它补充上再交给您吧。"

部下交上来的资料完全符合我的要求。恐怕当初课长让他做资料时他就很清楚我想要的是什么，但是因为课长没听他的建议，指示他朝着错误的方向做，才做出了前面两版不理想的资料。那位部下大概对课长很不满，但是他这样的做法却让课长颜面扫地。我一边指示"就那么办"，一边在心里暗暗地想："这事儿弄得……"

自我表现让一切付诸东流

此后，这种事又发生过很多回。每当课长在工作上遇到障碍，部下就会麻利地站出来。他的本意大概是想帮忙，但是每次都让课长很没面子，所以俩人的关系很不融洽。我装作不经意间跟其他员工聊起他们，听说他们搞得整个职场环境都很紧张。

这是我的错。说实话，在工作上，那位部下比课长做得好，但是他不擅长揣摩别人的感受，我当初不应该忽略他欠缺这方面的能力，只因为他工作能力强这一点就派他去辅助课长。这是我的责任。

后来我曾经委婉地提醒过那名部下，但是并没有产生效果。甚至从他的角度来讲，除了完成自己的本职工作，还要费心费力地辅助课长，他大概认为自己应该得到适当的夸奖。他处于一种无法客观地反思自身行为的状态之中，故而很难纠正自己的言行。也是因为我能力不足，最后只能趁着人员调动的机会把他们俩分开了。

我不得不承认那位部下无法胜任心腹一职。他能力强，确实具备辅助领导的实力，但是自我表现的欲望过于强烈。他基本是在无意识地展现自己比领导更有能力，让领导很没面子。这样做的结果是把整个职场氛围搞砸，完全谈不上让领导充分发挥功能。可惜了他那么强的工作能力！

工作时怎样做是高效的投资

其实那位部下有很多种做法可选。在跟课长沟通怎么做资料时，他可以先说"原来如此，我明白您的意思了"，一边表示接受课长的想法，一边装作漫不经心地提出建议，例如他可以说："但是我们把这份资料也加进去怎么样？"如果他这么做的话，课长可能会很愉快地采纳他的建议。

而且，当课长提交的资料被否定时，部下在作为部长的我面前大可以选择沉默不语，不说那些让课长丢脸的话。或者，可以不动声色地重做一份资料交给课长，不露出任何责怪课长的神情。这样做可能会多次返工，但是不会让课长感觉没面子。重新做几次，直至做出令作为部长的我满意的东西，把功劳留给课长就好。

这是一种投资。多次这样投资后，结果会怎样呢？课长自然会渐渐地觉得"比起自己做，交给他做更好"。绝大多数领导都喜欢给自己找清静，但是又希望得到公司或上司的夸奖，因此便会重用那些能为自己干活儿，又把功劳留给自己的部下。如果心腹能得到领导的这种信任，基本的工作领导都会交给你处理，到时候你就能够毫不费事地让领导发挥功能了。

自我表现欲体现了你的不自信

当然，从外表来看那是课长的功劳，但是不用在意。你完全没必要告诉别人"其实全部都是我做的"，因为周围的人很清楚这一点。你什么都不争，只是默默地辅助领导发挥功能，保障职场有效运转的同时，大家反而会高看你，说上一句"那个人相当厉害"。

换作我，也愿意重用这样的人当心腹，因为既能干、人品也备受大家称赞的人在职场上的影响力非常大，这类人非常有益于驱动组织良性运转。用这样的人当心腹，还能提升自己的影响力。

从某种意义上来讲，效力于能力差的领导是一种机遇。优秀的领导因为优秀，留给部下辅助的空间不大，而能力差的上司却给心腹留出很多发挥空间，你可以尽情地辅助他。而且，心腹通过不断思索怎样做才能更好地辅助这样的领导，能力得以进一步提升。

更为重要的是，要把功劳献给领导，自己炫耀自己的优秀并不能带给你任何好处，自我表现欲是希望得到别人肯定的表现，而希望得到别人肯定是源于缺乏自信。一个人如果能意识到这一点，应该会避免自我夸耀这种非理性行为。对于心腹而言，这不过是噪声。

　　与其自我表现，正确的做法应该是集中精力辅助领导发挥功能，保障职场顺利运转，做好自己的分内工作。如果能坚持这种态度，始终如一，一定会博得领导的认可和信任，被高看为心腹。

07 ▶ 在情绪上
不和领导同步

在情绪上不和领导同步

是否具有处理问题的耐性？

这也是我衡量一个人是否能做好心腹的一项重要指标。因为心腹所辅助的领导的重要职责就是处理麻烦和问题，而且职位越高需要面对和解决的难题就越多。一线人员解决不了的问题课长解决，课长解决不了的问题依次由部长、董事、社长解决，这是极正常的事。

换句话讲，解决问题才是领导的重要工作，心腹需要辅助领导做的就是这项工作。不具备处理问题的耐性的人是做不好心腹的。

但是有些领导在接到问题报告后会情感用事。在我看来，这么做完全没有道理，很想质问他："你是凭什么拿着比部下更高的工资的？"但是我并非不理解这样的领导，他们平时肩负重任，时刻承受着巨大压力，问题发生后很容易对引发问题的一线人员感到不满。

但是心腹并不承担领导那么大的责任和压力，应该更冷静地处理问题，甚至应该说，在领导情绪化的时候设法让其冷静下来才正是心腹的职责所在。但是我们经常能看到原本应该充当心腹角色的人在情绪上却跟领导保持同步，或喋喋不休地责备对方，或勃然大怒，甚至说出"所以说你这个人不行！"这种否定对方人格的话……这些行为实在很丢人。

心腹之所以在情绪上与领导同步，大概其本意是想遵从领导的心意，但是这么做非但不能守护领导，还会将组织置于危险境地。心腹首先应该让自己保持冷静和镇定，从更高的视野俯视全局，然后积极促成大家的冷静讨论，这点非常重要。

丢掉目的却追究责任

其实，责怪一线人员没有任何用。因为不管你怎么责怪一线人员，都解决不了任何问题。当问题出现时，当务之急是应该采取适当的应对措施，把损失降到最低，这才是此时的唯一目的。责怪一线人员只是单纯在浪费时间。对于故障排除（Trouble Shooting）而言，全力解决问题才是根本准则。速度就是生命，哪怕只快1秒。把目的抛在脑后，只一味地追究造成问题者的责任没有任何意义。

而且，讲"所以说你这个人不行！"这类否定对方人格的话实在过分，没有比伤害对方自尊心更愚蠢的行为了。当然导致问题产生的一线人员肯定有他的问题，但是出现问题与人格并没有关系。当问题发生后，重要的是基于商业原理原则思考"什么是正确的，什么是错误的"，采取相应措施，避免同类问题再次发生。把如此重要的事情抛在一旁，一味说那些否定对方人格的话、做那些伤害别人自尊心的事，只

能说很愚蠢。因为，当别人说一个人是没有存在价值
的人，伤害这个人自尊时，这个人一定是对他抱有敌
意的。

　　想要做好心腹，最重要的就是扎根一线。心腹应
该与一线人员保持密切接触，并把一线的现实情况反
馈给领导，以便帮助领导提升决策的精确度。这是心
腹的任务。最能阻碍心腹完成此任务的，正是一线对
自己抱有敌意的职员，此外再无其他。谁会对抱有敌
意的人敞开胸怀讲真话呢，所以心腹绝对不能做伤害
别人自尊心的事。

◀ 058

追责会让公司陷入危机境地

　　追责一线人员是极其危险的行为，从长远来看，
可能会让公司陷入危机境地。因为一线人员在被严厉
地追究责任后，再有问题发生时，他们会选择隐瞒。
这将催生极大的问题。不管我们如何尽心尽力，工作
上难免会出现问题，从风险管理角度来讲，重要的是

及时采取措施，将问题解决在萌芽阶段。

但是，倘若一线人员隐瞒实情，问题会在暗地里不断变大。当一线人员再也瞒不住时，问题已经严重到爆发的程度，结果必将给组织造成沉重打击。也就是说，如果隐瞒问题变成常态化，那么公司将陷入危机境地。心腹如果在情绪上被领导带着走，也意气用事，就可能给公司带来这般严重的后果。

因此，我才说，心腹必须具备过硬的处理问题的耐性。心腹要练就一身这样的本事：不管发生了多么严重的问题，不管领导的情绪多么糟糕，心腹都应该保持镇定和理性，冷静地处理问题。

059 ▶

认为出现问题很正常

话虽如此，做到这一点却并不容易。

不管对谁而言，突发意想不到的问题，都难免产生情绪波动，这是再自然不过的反应。普通人很难达到对任何事都不为所动的心境，因此出现问题时我常这样告诫自己：问题发生了。因为发生问题，才说明事情进展顺利。

当然，这意思并不是说你可以胡乱做事。世界并不以你为中心运转，不管你多么希望完美，事情都不会完全按照你的意愿发展。甚至可以说，那些如愿顺利推进的事情只是例外。

因此，每当我遇到问题，总会跟自己说很多遍"别因为问题发愁。出现了问题，应该认为这样才正常"。然后抑制住惊慌，集中全部精力冷静地思考解决对策，并以最快的速度采取行动。

换言之，也可以说是彻底奉行符合目的性准则。所谓"符合目的性"就是只做符合目的的事，不符合目的的事一律不做。问题发生后闹情绪，责怪一线人员，不但解决不了任何问题，还会伤害一线人员的自尊心，导致一线人员隐瞒问题，起到非常严重的反作用。这种做法可以说与符合目的性是正相反的。

我在前文中谈到面对问题时应当冷静应对，至于怎么做到这一点，与其说靠精神上的强大，不如说靠彻底奉行符合目的性准则更合适。

不管是谁，遇到问题时都不免心头涌出消极情绪，但是我们不应该用意志力强行压制这种情绪，而应该接纳"问题果然发生了"的现实，专注于符合目的性准则。这样做，便能避免被情绪牵着鼻子走，犯下愚蠢的错误。

商量是检验心腹的试金石

身为心腹，不应该等着别人来报告问题，而必须自己主动去现场发现问题。

我出任秘书课长后，非常注意去一线的交流，逐渐地取得了一线人员的信任，越来越多的人开始找我商量问题，比如，"其实，稍微有点麻烦事……""能跟你商量一下吗？我有件麻烦事"。

这种商量正是检验心腹的试金石。心腹若时刻监视一线人员，时刻准备挑毛病，只能使一线人员生出戒备心，失掉一线人员的信任。相反，如果能在日常交流中取得一线人员的信任，一线人员则会主动找上

门来商量问题。从而可以先于问题采取对策。这种来
自一线人员的声音正是心腹的重要资源，是划分一级
心腹和二级心腹的分水岭。

帮助一线人员解决这些麻烦和问题的萌芽，不但
能博得一线人员的好感，还能减少公司的风险，而且
避免了问题严重化后耗费社长过多的时间和精力。因
此，我提醒自己，一线人员来找你商量问题时一定不
能表露出任何消极的反应。大家都能看到我身后是手
握权力的社长，一旦我表露出任何一丝动摇，都有可
能让对方产生戒心，害怕自己的负面新闻传进社长的
耳朵里，会受到严厉惩罚。

不好的事情自然而然地涌过来

当然，我也是凡人。如果说没想过"真烦心"
"这么忙的时候出现这种麻烦事……"那是骗人的。
但是，这种内心的想法完全不能让对方察觉到。总

之，努力以平和的态度面对这些"不好的报告、商量"，与一线人员一起商量怎样解决这件事的方案才是对公司最有利的。

我在跟社长报告或商量时，一定会如实把一线发生的情况交代清楚，并且把与一线人员一起商讨出的解决方法一起汇报。不会为了包庇一线人员，向社长隐瞒实情。与一线人员一起想足以被社长认可的解决对策才是重要的。

社长为了凡士通收购案这一重大项目费尽了心力，在这种情况下听到一线又出问题，生气也是不可避免的。但是报告问题时若能一起汇报解决对策，绝大多数情况下社长会指示"就这么办吧，要处理好"，这样就不会发生太糟糕的局面。

就这样，来自一线人员的商量纷至沓来，通过把问题扼杀在萌芽阶段，我赢得了一线人员和社长的双方面信任，如此一来，作为心腹，我开展工作时更加得心应手，形成了良性循环。

08 ▸ 不迎合
领导的弱点

讨好上司，只会活得很累

如果上司不喜欢一个人，这个人是绝对做不了心腹的。

虽说公司是为达成某种目标而组建的利益团体，但在领导看来，一个自己不喜欢的人即便再优秀，领导也断然不会提拔他做心腹。因为，即便把这样的人提拔成心腹，后续相处过程中也会出现沟通问题，不会很顺利。

很多人在与领导相处这方面做得不好。他们极力讨好领导，以博取领导对自己的好感。当然，这个世界上存在天生就有魅力的人，自然而然地就能博得大家的好感，这种幸运儿顺其自然就行。但是包括我在内的普通人并没有那么幸运，我们最好清醒地认识到这一点。

讨好上司会被领导和同事们看成端茶倒水的人，也就是被人看不起。这样的人无法做好心腹的工作，而且人生会活得很累，讨好领导得不到任何好处。

可悲的是，有时我们能够看到一些靠讨领导欢心谋求自身好处和升职的人被提拔为心腹，这本是职场中不可避免的事情，但在我看来，这是当领导的被人抓住了弱点。职位越高，做决定时的影响和责任越重大，因此越弱的领导越喜欢那些会忖度自己心意，给自己提供逃跑退路的人。这种领导被别人哄得团团转，看起来外表很强大，其实意识不到自己的外强中干。

对于靠讨好领导谋求自身好处的人而言，领导者的这种弱点于自己正好具有利用价值，领导能从自己对他的迎合和讨好中看到自己的价值，从而形成了弱点型领导和讨好型部下之间的不良依存关系。

不盲目给领导提供逃跑退路

这种不良依存关系从内部腐蚀组织，会引发重大问题，顷刻间让组织陷入崩溃的危机。对于组织而言，这种关系的形成将带来大问题。

我做社长时曾多次经历这种恐怖的事情。比如，曾经发生过这种事：以前普利司通在海外销售产品时把一部分销售手续费贿赂给了当地的公务员，后来事情败露，被人知道了。这违反公司内部的规定，当时有一种方法，让主管董事对外说明，但这样做会给股东造成麻烦，可能引发更严重的问题。

因此，身为社长的我出席了记者会，对外说明情况。在这样的记者招待会上，哪怕一句话说得不对，都会给公司造成极为严重的负面影响，因此说我当时没有逃跑的心思那是撒谎。但在这种情况下我还是决定顶上去。

这种时候给社长提供逃跑退路是非常可怕的。其实，当时有人曾对我说过"没必要让一把手专门出面""二把手或主管董事出面解决就够了"这种话。大概他们当时考虑到我的处境和立场，也是好意提出了这样的建议，但是作为一把手的自己如果当时听从了这种建议，没站出来道歉的话，则有可能在后面造成更大的麻烦。因此，我在克服自身的弱点后，经过必要的公司内部程序出席了记者招待会。

记者招待会当天，我当时极度紧张，但还是坦诚地对外说明了事情原委，除了道歉，我还介绍了问题出现后我们所采取的应对之策，比如及时成立了由国内外法律专家组成的第三者委员会对事情进行彻底的内部调查……总之，顺利地把记者招待会开完了。

之后发生的事情出乎我的意料，很多媒体客观地报道了问题，但是没有出现激烈批评的声音，而且有一家经济杂志甚至评价本次记者会为"令股价上

涨的谢罪记者会",我对此感到非常吃惊,而且特别
感激。

不能迎合领导的弱点

诚然,当时我可能是失败了。但是,身为社长的
我勇于承担责任,事情也就解决了。虽然给公司造成
了巨大麻烦,有考虑不周之处,也只能接受现实并竭
尽努力积极地应对,除此之外别无他法。这可能算是
我职业生涯里的一个污点,但是作为一个人来讲,我
不认为这是让人羞耻的事。

试想,倘若当时身为社长的我选择逃跑退路,让
其他人出席记者招待会并失败的话,等于把原本应该
由我承担的责任推给了那个人。这样做,作为纯粹的
一个人,是应该感到可耻的,而且会造成特别不好的
社会影响。不管是以前还是现在,遇到此类需要总负
责人出面却没有出面的情况,经常能听到人们批评:

◀ 068

"为什么一把手不出面？"

因此，我没听从向我提议逃跑退路的那些人的话，他们那么说可能是在迎合我的弱点，或者单纯是欠缺考虑。当我表明心意要亲自参加记者招待会后，那些认为我应该这么办，对我说"千万别隐瞒真相""应该正面回答所有问题"的人，才是值得信赖的。

被领导视为好对手是好事

我非常清楚自己的弱点，因此，我很明白那些不迎合我的弱点、真诚地思考"应该怎么处理才对公司好"、向我建言身为社长该做的事情的人，才是可以信任、可以当成心腹的人才。

进一步讲，只有能带给身为领导的我紧张感的人，才是真正意义上可以信任的心腹。如果一名心腹不能给人"这个家伙不好糊弄""如果自己做得不好，这个人会说我的"这种紧张感，他就不能帮助我约束自己的弱点。

当然，我作为领导，同样也会给心腹这种紧张感。

各自思考"什么是原理原则""什么是正确的"，然后相互碰撞。在这个过程中，于不确定的状况中探求最佳答案，这才是领导与心腹之间该有的关系。

可以说，领导与心腹之间的关系里必须存在一种可以称为争斗的要素，而且，被领导视为好对手才恰恰说明了他对这个心腹很满意。

◀ 070

因此，有志做心腹的人一定不要讨好领导，更不能迎合领导的弱点，提供逃跑退路。这种事表面上看起来好像在守护领导，实则是通过给领导提供逃跑退路为自己牟取好处。从结果来看，这样做非但不能守护领导，反而只能让领导受到损害。为了辅助领导这一机构更好发挥功能，心腹需要具备与之作对的觉悟。

第三章

领导者的心腹
如何向下兼容

09 ▶ 拒绝纯理论派的
工作方式

只用知识应付不了现实

把心腹理解成知识丰富的战略家是危险的。有人随便读了几本稍微有点难度的管理类图书，就动辄搬出一知半解的管理理论和分析框架，殊不知对于不具备这类知识的一线人员而言，只会觉得你莫名其妙。甚至，以一种好为人师的态度在人前秀知识的人只会招致对方强烈的反感。

我做社长时曾经不时收到令人头大的提案书，作为一位切身了解一线那种令人无可奈何的现实的领导，我一眼就看出那些提案书不过是些毫无现实性可言的纸上谈兵，简单地把书上的东西拼凑在一起写成的。这种时候，我会毫不留情地给返回去，跟相关人员说，"这不过是纸上的理论罢了，重新做一版更现实的提案"。

仅凭从书本中学到的知识，应付不了现实。强行把书本知识应用到现实，会使组织或一线陷入危险之中。当然，我并非在否定读书的作用，我自身很喜欢阅读，也读过不少书，深感从书中获得了很多知识。但是最好的获取知识的方法不是通过书，人才是最好的老师。关于某个问题，虚心向相应领域的行家请教才是最好的学习方法，这比从书本上学到的理论知识更加实用有效。

我们最好把读书看成向人请教前的预习，读书时看不懂的问题再拿去向懂行的行家请教，这样能加深对书本知识的理解。或者，把读书作为一种复习，先向人请教，然后读书加以巩固，这样能把别人给的知识整理得更好。

有时你可能发现有些畅销书不过在说些理所当然的事情，而且存在很多问题，这才是真正的读书。我们不应该简单地接受书中的一切，而应该结合别人教给自己的或自身的实际体验去看书，唯有在这样的过程中，才能积淀下接地气的知识。

公司是老师的宝库

值得庆幸的是，公司是老师的宝库。销售部、技术部、制造部、开发部、财务部、管理与行政部等，在我们身边就有很多在各自领域实干的行家，想学知识，向他们请教就行。我从入职后的第一年起就开始这样做了。

当初给我们做新员工入职培训的培训员说"若有不明白的地方，请大家随时找我问"，因此，在培训结束后，作为一种复习，我去找了各部门的培训员。大家见我真来请教，都很意外，心里都在想"这个人居然真的来了"。"若有不明白的地方，请大家随时找我问"原是一句客套话，实际上鲜少有人真这样做。但是当我虚心地跟大家说"我有些事情不清楚……"时，每个人都是很高兴地教给我诸多东西。后来当我变成教人的一方时，体会到有人来请教时的心情，就会知道并没有人会对此感到不高兴。人喜欢被别人需要和信赖，不管是谁，对待虚心向自己请教的人，都会产生一种好感。

一线有很多深层知识

他们教给我的是哪本教科书上都不曾写过的鲜活的知识。仅靠书本上的东西，根本做不好现实的工作，因为现实实在是一个深奥的世界。

好奇心旺盛的我此后一旦遇到不懂的东西就去各相关部门当面请教，然后慢慢地切身认识到原来如此，在普利司通这家公司，某人所在的某部门原来发挥着这样的作用。原本对于我而言，公司这个机构不过是一张抽象的组织架构图，后来我意识到公司是由无数有血有肉的鲜活生命相互协作，努力构建起来有机体。而且，对于自身工作在公司整体中具有怎样的意义有了更深的理解。我的工位只有一平方米左右，但是在这里完成的工作与整个有机体密切相关。意识到这些以后，工作变得更有意思，自己也更清楚应该怎么投身工作中。如此一来，我的工作质量提高了，在职场得到的评价提升了。

真正的知识能帮你

常年这样与各部门保持沟通，我与很多部门的员工都建立了很好的关系。大家会把自己部门存在的问题、烦恼告诉我。这一点，对我自己工作的开展意义重大。比如，一线的朋友会告诉我各生产环节的设备存在什么问题，具有什么技能的作业人员，进行哪些操作时容易在哪里出现哪些问题……诸如此类，我在与大家的交往过程中，实实在在地了解了一线鲜活而真实的一面。

曾经有制造部的人说"荒川比差劲的厂长更清楚工厂的情况"，其实作为一名非制造部员工，我不过是喜欢不断向一线人员请教，便因此得到如此高的信赖。若论专业知识我肯定不如各部门的专业员工，但是我能做到与他们进行高质量的专业对话，而且大家对于我的专业性比较信赖，这样一来我们就能进行深层次的沟通。我认为，唯有这样的知识才是真正的知识。

其实，当我四十多岁出任社长直属的秘书课长时，帮到我的还是当年储备下的知识以及培养的公司内部人脉。在凡士通收购项目中，公司内部出现强烈反对，去公司各部门说明情况、争取理解和支持是我的一项重要任务。从当时的情况来看，随便说明一下并不能取得大家的理解和支持，当时我能成功地完成与各部门的沟通，所凭借的，一是我的知识足够支撑我与各部门开展专业对话，二是我们之间建立了可靠的信赖关系。

如果没有这些帮助，我在面对公司内部的激烈反对时，大概是束手无策的，年轻时养成地向大家请教知识的习惯帮我更好地开展心腹应该做的工作。

10 ▶ 现实中的
发挥更重要

现实不可能完全按照理论发展

我认为理论家里出不了优秀的心腹，可以这样说，我就没见过哪个理论家是能把工作做好的。囫囵地吞下书本上写的理论，然后奉之为金科玉律，在现实中生搬硬套，这样一定会出问题。那些头头是道地讲着理论的人，表面看起来貌似很聪明，但在我眼里不过是些不动脑子的人而已。

当然我并不轻视理论，头脑清晰的研究人员基于过去的现象，经彻底验证，构建起的理论能为我们解读现实中出现的现象并提供重要提示，也能在我们想对策时提供某些启发。但是，现实往往具有它自己的特点，有些部分并不适用于通用化的理论。现实不可能百分百按照理论所说的发展。尽管如此，有时一些理论家仍然会枉顾现实，试图用理论来套现实。结果做错事，令现实情况恶化。

我做社长时没把理论家当心腹用过，而且很警惕那些给出"1+1=2""2×2=4"这类程式化方案的理论家，因为我年轻时曾近距离接触过这类人，深知其危险。

一线主义 vs 管理主义

下面我介绍一段亲身经历。大概因为上大学时曾学过东南亚语，我在刚进公司的第二年，被派往了正在筹建中的普利司通泰国分公司的工厂。调到泰国工厂不久，我被分配到行政劳务部，直属上司是一位很难打交道的泰国部长。

他之前曾就职于外资企业，从事劳务相关工作，英语流利，总是坐在办公桌前发号施令，即所谓职场专家。当时我只是个刚入职两年的"菜鸟"，劳务方面的知识完全没有，与泰国部长完全不在一个量级上。而且，由于我的知识欠缺和蹩脚的英语，他根本不把我放在眼里。为了构建友好、和谐的人际关系我费尽了心。

感觉与泰国部长相处困难的并不止我一个，当时从一线提拔上来的日本人厂长与他相处得也不好。泰国部长高傲得很，性格不合是一方面的原因，更重要的是，厂长看不惯他对待一线人员的态度。泰国部长基本不去工厂车间，而厂长不管多累每天一定要在工厂里至少仔细转一圈。

身为劳务部长，理当勤下车间，但泰国部长嫌弃工厂热，每天只是在事务所的空调屋里处理书面工作。在他看来，管理人员去工厂原本做不了什么，在这方面他与出身一线的厂长存在想法上的根本差异。

在这种情况下，厂长自然有什么问题都爱找我商量。

彻底调查一线，真相自然大白

在这期间，出现了非常严重的问题。大约在投入生产半年后，当时工厂24小时运转，重大事故频繁发生。当时的背景是，工人8小时倒班，有人上夜班，作业环境发生了很大改变。

重大事故不但可能事关人命，而且一旦导致停产，还将给整个公司造成严重影响。我意识到必须尽快查明事故原因，采取有效的改进措施，于是找泰国部长商量对策。部长断定，"之所以发生事故是因为职场规范执行不到位，对一线人员的劳务管理应该更严格"。确实，从理论上来讲是这么回事，严格规范作业工程，应该能减少事故。但是泰国部长连事故原因都不调查，上来就断言的做法让我感觉有点奇怪。因此，心存疑问的我又去找了厂长。

　　我把部长的想法告诉厂长后，他露出苦笑的表情，说道："又是强化规范。"据说泰国部长每次遇到工厂发生事故都会提议强化规范，认为只要强化规范，自己作为劳务管理人员就算尽职了。但是，强化规范后事故依然会发生，一线人员对于这种没有实际效果的管理举措非常不满。

　　于是厂长给我下了指示，"这问题不是简单靠强化规范能解决的，荒川，请你彻底调查一线情况，摸清导致事故的原因"。我马上调出工厂之前的事故记录，每天泡在工厂里，分析事故原因。

　　"事故发生在哪个环节""做哪个动作时出现的问题""什么时候发生的"……我把能想到的数据都收集起来，广泛听取一线人员的声音，然后发现了非常有意思的事情。从数据中能明显看出，事故与作业环节无关，但却频发在用餐后和休息后1小时内。

　　这才是根本原因！

　　我下意识地兴奋地拍了下膝盖。相信大家都有这类感受，饭后会犯困，休息后得过一段时间注意力才能恢复到休息前的集中状态。而且，泰国气候全年酷热，加之轮胎工厂需要加热，车间里更热一些。此外，上夜班导致工人睡眠不足，饭后和休息后注意力集中程度下降，事故自然频发。

找准原因，答案自明

　　那么，应该怎么办呢？

　　我想出的解决之策是"在饭后、休息后组织大家做体操，让大脑和身体恢复状态"。工厂每天早晨在开始工作前组织大家做日式体操，我考虑可以在饭后和休息后也把体操做起来。

　　这主意或许很简单，征求一线人员的意见，大家都很赞同，厂长也很满意，说"原来如此，那就试试吧"。细致观察现实，抓准原因，极为简单的答案就会浮出水面。但是我的直属上司是泰国部长，他不签字，这个办法便无法付诸实践。而他根本不打算采纳

我的提议。"体操？你在说什么？把规范抓好自然就
不会发生事故，应该强化规范。这是理所当然的道理
呀。你读读书吧！"说着，部长用手指向书架上的
劳务书，至于我做出提议的根据和数据，他连看都
不看。

　　说实话，当时我被从气势上压倒了，但是若我在
这时妥协，好不容易想出的解决方案将化为泡影。更
重要的是，强化规范并不能减少事故的发生。因此，
我花时间多次说服部长。"不管怎样，请看一下分析
结果。""请看看一线人员的实际情况。""部长您自己
在刚吃完饭后也会有点儿犯困吧？车间里的工人是一
样的。"我不厌其烦地与他交涉。终于泰国部长扛不
住了，很不情愿地拿起分析数据看，刚开始时他很不
耐烦，敷衍地看，慢慢地表情发生变化，数据明白地
揭示了"事故集中发生在饭后和休息后"这一事实。
面露吃惊神色的部长问道："有更详细的数据吗？"
然后他在"饭后、休息后组织大家做体操"的提案上
签字了。

◀ 086

一线人员教给我的管理的真理

此后的几个月，我都提着一口气，看是否还发生事故，果然体操的功效非常明显。当然，工人们逐渐习惯24小时作业后生活状态慢慢调整到正常了，即便如此，体操的作用依然很明显，事故锐减。不但如此，生产效率也比以前高了。厂长对此大加赞赏，因为这是行政劳务部的工作，也算是泰国部长的功劳。为此泰国部长对我的态度好了很多，也在一定程度上认可了我。

认真地对待基层提出的问题

此事以后厂长与泰国部长的关系改善不少，泰国部长也不再看不起我，我为自己争取到了相对舒服的工作环境。

我还有很多类似的经历。假设我当时不顾一线人员的情况，因为是上司指示就强行实施部长把规范抓好自然就不会发生事故的理论，结果会怎样？不但事故不会减少，对严苛规范感到不满的员工们还会士气低下，从而进一步增加发生更严重事故的危险性。想来实在可怕。因此，从那以后我从没把理论家当心腹用过。所有答案都存在于一线之中，仔细观察发生在一线的情况、认真倾听一线人员的声音，就能找出解决办法和改善措施。认真地对待一线人员是思考问题的出发点，只有彻底做到这一点的人才能成长为值得信赖的心腹。

11 | 摒弃
▶ | 靠争论取胜的想法

辩士无法胜任心腹

提到优秀的心腹，也许有人想到的是辩士①。确实，心腹作为决策者的代理人需要在公司内外与各方沟通和交涉，不善于争论的人做不好心腹的工作。不管在何种情况之下，心腹都不能欠缺让对方接受决策者决定的力量，这是理所当然的事情。

但是我认为辩士胜任不了心腹的工作，因为辩士

_____

① 辩士即以辩才出众之士。——译者注

会制造敌人。所谓辩士，就是滔滔不绝地陈述理论，把对方驳倒的人。但是，被驳倒的一方并非发自内心去接纳辩士的意见，难免会对其心存不满，暗暗地心想"总有一天要报仇"。

因此，其实"辩士"一词未必是褒义词，有本辞典对"辩士"一词的解释是"多用于嘲弄、贬损的语境"。其实，大家私下里谈到辩士时会说："那个人虽然聪明能干，但是……"这个"但是"后面的内容，才是对辩士真正的评价。

而且，通过驳倒对方的方式让别人接受决策者的决定，这种做法在本质上并没有意义。在争论中败北的一方只是碍于自己辩输了，才不得已违心同意，并非发自真心地接纳和顺从。这种只是表面上同意罢了，不会产生自发行动。靠理论的力量让对方屈服，这样做没有任何意义。

管理要避免使用强制力

可以说，这样做还会给决策者造成麻烦。身为权力者，决策者很难做到与一线人员平等沟通，不管其态度如何和善，总不免要产生一种强制性关系，因此才需要心腹代替权力者尽量避免使用强制力去争取一线人员对决策的认同和接纳。这是我做秘书课长时意识到的。当时的社长给人一种不好相处的感觉，一线人员更加怕他。虽然他自己没这么说过，但从语气判断，他意识到了这一点。正因为如此，他把身为课长、地位不高的我视为心腹，把与一线人员沟通的任务派给我，试图尽量以自然的方式把自己的决策渗透进公司内部。后来我出任社长，深刻体会到当初社长的心情。

但是，如果心腹做出驳倒一线人员之类的事，将会让一切努力付之东流。而且，一线人员能明明白白地看到心腹背后的权力者，他们对重用这种心腹的权力者的信任也会受到损害。坦率地讲，辩士类型的心腹很让人头疼。

赢得争论没有意义

但是近年来有一种倾向，越是优秀的商务人士越注重磨炼驳倒对方的技能。典型的便是辩论技能。所谓辩论，即就某一问题分成立场相反的两方分别论述己方的论点，由第三方评判胜负。说起来，这是一项以意见对立为前提的竞技。

辩论本身非常有助于培养人客观、批判、多角度分析问题，有逻辑地构建自身观点的正当性的能力，以及思考如何有说服力地阐述自己的主张，但是这项能力只会给心腹的工作带来混乱。

因为在辩论语境下，对方只是需要打倒的对象。这一前提本身就很有问题。公司里的是与自己一同工作的同事，即便存在立场上的不一致，大家依然是工作伙伴，是团队里的自己人，那么就不应该存在打倒伙伴这样的想法！

对于争夺政权的政客而言，驳倒对方确实意味着胜利，但对于企业中的心腹而言，驳倒对方却并不是胜利。这样做反而会招致对方的反感，造成管理者与一线人员之间的不信任，从这方面来讲，这种心腹绝对算是失败。

那么，对于心腹而言的胜利是什么呢？答案是让对方从心底接纳领导的想法，而且使一线人员为实现领导的想法主动、自发地采取行动。

为了胜利，心腹首先需要思考自己是一种怎样的存在。并非领导把你放在了心腹的位置上你就是心腹了，迄今为止的日常工作和积累下来的实际业绩、一线人员如何看待你、人们怎么评价你，这些真正决定了人们是否承认你是心腹。

重要的是以下两点：第一，是否理解一线人员；第二，是否倾听每一个人的心声，努力获得别人的认同。一线人员会从心腹平日的言行中观察他是否具备这两项基本素质，这两点及格的人能获得一线人员的接纳，做好心腹应该做的工作。坚守这两项基本准则，就算遇到某些一线人员难以接受的事情，他们也一定会倾听心腹的声音，理解他的意思。

　　相反，如果做不到这两项基本准则，就只能施展理论之力驳倒对方，除此之外再没有别的办法说服一线人员。

　　假如你当前正处于只能驳倒对方的状态，应该回头反思自己的做法。正因为没有对方的信任做基础，自己才陷入如此境地。应当真诚地反思自己，不断修正自己平时的言行，以此争取成为心腹的资格。

12 ▶ 和基层
建立友好关系

心腹背后的权力者

心腹不能缺少客观审视自己的思考能力，缺乏这种能力的人，即便工作能力再强，也做不好心腹的工作。因为一线人员能清楚看到心腹背后的权力者。如果在心腹面前做错事，可能给自己招来权力者的惩罚。不可否认，心腹一职中确实包含了这种性质。

很遗憾，我们经常能遇到一些不能客观认识自身工作中所包含的这种性质的人。特别是工作能力越强的人，他们更容易被提拔为心腹，同时自尊心很强，更容易被心腹的这种工作性质欺骗。

我就遇见过这种人，他是某部门一把手的心腹，他自视甚高，认为自己在卖力工作，并喜欢对外说"自己给领导提了哪些提案""自己多么能影响领导"等。当然，周围的人会适当迎合他的这类话，有时甚至还要说些讨他开心的话，因为大家意识到他的背后是权力者。但当大家背着他时，对其评价却不高。

那位心腹绝非在说谎，他在工作上确实非常能干，提案也经常被领导采纳，但是他如此鼓吹自己并陶醉其中，很招大家反感。他最终没能清醒认识自身工作的性质，被别人的话哄得飘起来，无法有效完成心腹的工作。后来他的领导被调去其他部门，而他依旧留在部门，领导一走，其他人对他的态度马上就变了。

和基层建立友好关系

他的问题不仅是他没把心腹的工作做好，而且还不能客观审视自己，没有意识到自己的行为可能给组织带来严重问题。最大的问题就是一线人员看到心腹背后的权力者，出于本能地谨慎起来，避免对心腹的意思提出反对意见。其结果就会导致一线人员在与心腹的沟通中基本不会把真实情况拿出来说。

一线人员恭敬，心腹错误地视之为理所当然，以上级对下级的态度对待一线人员，有时甚至施加强制力，这样自然会使一线人员三缄其口，即便心腹不似这般盛气凌人，一线人员也很难对心腹讲真实情况。如果心腹不能清醒地认识这一点，就有可能给组织带来致命性打击。

假设公司总部制定了一项目标，要求公司分布在全球的所有工厂提高10%的生产率。自然一定会出现顺利提升生产率的工厂和未能提升生产率的工厂，总部要求未能提升生产率的工厂提交报告，说明

原因和提出改进对策。但是一线人员提交的报告不得
要领，怎么读也搞不明白问题出在哪儿、应该如何改
进。于是生气的管理层指示心腹前往实地调查，并提
交报告。在这种情况下真正危险的是心腹知道其他已
顺利提升生产率的工厂的做法。他会把这种做法视作
答案，认为不管是哪个工厂，只要按照所谓的正确
方法做，必定都能提升生产率。越是应试能力强的
心腹，越容易陷入这类正确答案主义里，应当引起
注意。

◀ 098

要认真听取基层的困难

而这样做的结果会导致心腹要求一线人员提供与
从成功案例中导出的故事相符合的资料。一线人员面
对背后有权力者撑腰的心腹时原本就难以提出异议，
加之自己没完成任务，更加底气不足。最后，一线人
员只能沦为按照心腹要求提供资料的资料提供者。

　　这是很恐怖的事。因为一线人员并未对心腹的要求提出异议，于是心腹进一步确信了自己心中的正确答案，把原来的想法升级为坚信。不再正视一线的复杂性，只是简单地收集必要资料，以便使预设好的故事成立罢了。除此之外，将一切真相抛诸脑后。按照这种程序处理问题的话，不管是谁都能交出一份漂亮的报告，而且因为是从成功案例中推导出的故事，看起来相当具有说服力。然后这份报告会得到管理层的认可，被付诸实施。

　　但是，这样的做法注定要失败。因为它没能反映一线令人无可奈何的现实，失败是必然的。可能成功案例中的工厂引进了新型设备，而这家业绩差的工厂使用的是旧型号；或者工厂的生产线设计不合理，给一线人员造成很大的负担，但表面却看不出来；又或者存在地域差异，地处温带的工厂和地处热带的工厂内部温度相差悬殊，在适宜的温度中干活和在酷热中干活，体能的消耗是非常不同的。不细致思考这些实际因素的解决方案只能是纸上空谈，不可能发挥作用。

正确答案才是错误的

一线本来就是一种"改变这里那里也变，改变那里这里也变"的有机体，错综而复杂。把不能反映一线现实情况、真实态度的"正确答案（纸上空谈）"强加于人，很容易就把一线毁掉。即便没彻底毁掉，一线人员为了苦撑局面也会承受颇多痛苦。

进一步讲，这使一线人员处于一种极易被责备的尴尬处境，如果一线人员通过自己的努力改善了业绩，尽管这跟心腹想出的"正确答案"没有任何关系，功劳依然属于心腹；如果业绩没能改善，心腹会说"都是因为一线人员没认真执行自己的指示"。

果真如此，问题就很严重。对于只会一味增加一线人员痛苦的执行部，一线人员将生出难以消除的不信任感；或者当压力积攒到一定程度，与一线人员的冲突增加，作为组织基础的人际关系可能将遭到破坏。这样说绝非危言耸听。前文列举了制造公司工厂的例子，我相信类似的事情一定同样正发生在很多组织的日常工作中。即便问题尚未表面化，暗地里也会存在此类现象，致使整个组织的气势低落，工作效率和生产能力大打折扣。

当某一契机致使问题表面化，即便执行部慌忙成立调查组派往一线，一线人员也不会透露真实想法和实情，他们只会揣测着给出上头想要的最像的理由。这并不是一线人员的责任，而是强制性地以"正确方法（纸上空谈）""教育"一线人员的执行部的责任。调查组和执行部是一样的，所以根本发挥不了任何实质作用。结果，大家都发现不了管理中存在的根本问题，很难真正解决问题。

当然，发生这种事，不能完全归咎于心腹的失职，其实大部分原因都在于以社长为首的公司管理层根本不了解一线那种令人无可奈何的现实，而只是简单地追求正确答案。但是不可否认，心腹也是一项非常重要的因素，当管理层失去一线人员的信任时，心腹更应该弥补这种不足，这是心腹应尽职责。

为此，心腹客观地认识一线人员对自己的看法非

101 ▶

常重要。心腹如果清醒地认识到，一线人员能看到自
己身后的权力者，那么他在向一线人员询问真实情况
时便会知道自己应该分外小心谨慎，而且应该能够让
自己避免做出将"正确答案"强加于一线人员的愚蠢
行为。

13 ▶ 深度体验 基层工作

心腹一定不要高调

一线人员很难对心腹讲真实情况，这是存在于组织中的真理。因为一线人员看到的是心腹背后的权力者，所以他们会尽量顺着心腹。如果心腹看不清这一点，就不能有效掌握一线人员的真正问题，还会犯下愚蠢的错误，把自己认为的正确答案强加给一线人员。

因此，当我被提拔为秘书课长后，我告诫自己绝对不要高调。本来我就不是张扬的个性，始终留意让自己保持不起眼。我不想被别人看作狐假虎威，更不可能到处吹嘘"自己向领导做了哪些提案"之类。保持一种似有似无的不起眼状态是最好的。我认为心腹必须把招致一线人员反感和引起一线人员戒备的风险控制在最低，否则难以做好心腹的工作。

并且，我坚持尽可能自己亲身去一线，听取大家的声音。当然我肩负着将社长的意思下达给一线人员，命令他们执行的职责，但是强行下达命令只能换来大家表面顺从而背地里反对，而且，弄不好我还会被大家看作恶的代理人。我更倾向于认真倾听对方的心声，让一线人员主动地告诉我真实情况。

心腹要深度体验基层工作

我之所以会这么想是因为我有实际经历。我自从进入普利司通公司开始，便很少有机会在公司总部工作，而是在泰国、中东等地的工厂或销售部门积累了丰富的一线经验。我曾经多次因为与公司总部的人打交道而烦恼。在一次次经历这种痛苦的事情后，当自己成了总部员工，我得以切实地认识到一线人员是怎么看自己的。有些事情，只有在一线饱尝心酸后才能理解。

我进入普利司通后的第三年，当时正在泰国工作。有一天，我突然接到一项任命。当时普利司通在泰国曼谷市内建造了一处物流中心，物流中心刚建成，我被突然任命为物流中心的负责人。

物流中心是一栋三层建筑，承担着把每天工厂送来的轮胎送往曼谷市内零售店的任务。当时明确知道的只有我出任物流中心负责人，除此之外其他事项什么都没定下来，上面只丢给我一句"其他的自己想办法"，说心里话我当时就想这可真不靠谱。但是情况就是如此，一切靠我自己自由裁量。我也曾想过"这也挺有意思"，但是没想到这种乐观马上被现实击得粉碎。

第一件事就是招人。

我招聘了十几名工人做一线操作员，表面上看他们体格壮硕，目光锐利，裸露着上半身，背上或手臂上还刺有文身。我刚接触他们时内心有些畏惧，后来发现他们人虽粗鲁却有友善的一面，大家做事时也很和气。

不理解基层的后果

◀ 106

物流中心开始运转后不久，一线就陷入了一片混乱。因为包括我在内，没有一个人懂物流。大量轮胎每天源源不断地从工厂运到物流中心，我们根本无法做到妥善地接货，把货品安置在合理的地方，然后按照配送需求有序出货。

我事先设计的机制很快就全面崩溃，为了控制混乱局面，我在物流中心到处奔走，跑着指挥工作，但是根本没有用。货物数量实在太大，混乱程度与日俱增。虽说如此，又不能把物流中心关停。工厂24小时开工，其中很大一部分轮胎被不间断地运到物流中心，若不能按时把轮胎送往各零售店，普利司通在泰国的业务将垮掉。一线宛如战场，身处其中的我们只能自己设法苦苦支撑，一边应付堆成山的轮胎，一边摸索管用的机制。我们当时就是在这样的状态下苦撑每一天的。

然后就到了6月的中期结算，总部派人来盘点库存。盘点出的结果完全是乱七八糟，库存账簿与实际库存数对不上，单张出入库单据与总账簿也对不上，大量轮胎处于无人管理状态。这些问题都在盘点中暴露无遗。总部来的人大怒，劈头盖脸地训斥了我们。

当然，我没有反驳，没做库存管理是事实，只能道歉。

总部员工坐在空调屋里，到点下班，而我们每天冒着酷暑闷热疯狂干活到深夜。我们为了支撑起物流中心已经用尽全力，而总部派来的人根本不管这些，连一句体谅的话都没有，上来就是劈头盖脸一顿责骂。过分的是，他竟然还戴着白手套，怕轮胎把手弄

脏，而公司从来没给我们干活的人发过手套。不要说
工人，就算是我也非常气愤。被人一顿责骂，气得我
直发抖。

一线负责人都在孤独作战

毫无疑问，过错确实在我们一方，完全没做库存
管理是事实。公司要求一线人员规范库存管理也是合
乎情理的。我知道必须得做点什么，总部的人只知道
责骂我们，而工人们听我指挥，卖力干活，结果却落
得挨骂的下场，对我也很不服气。

而且，不管我怎么解释，工人们根本不懂库存管
理的重要性，对于他们来说都是抱着一种"公司的事
跟我没有关系，我只负责把交代我做的事情做好就
行"的心态。

我知道跟他们征集库存管理意见纯属徒劳，所有
的责任都在自己一人肩上。作为责任人，我必须尽快

制订出行之有效的库存管理方案，在他们的配合下把库存管好，除此之外，没有其他道路可走。

应该怎么做呢？

我想到两点举措。第一，先增加人手。目前物流中心的主力是工人们，缺少擅长事务性工作的员工。所以大家除了搬进、搬出、搬上、搬下轮胎等体力活外，还要做他们不擅长的清点工作。我认识到必须改变这一现状，否则不可能改善状况。

因此我请求总部给物流中心增配办公室文员，但是总部严格限制招聘文员的数量，不会轻易答应。我一边抑制着"为什么自己非得这么低声下气呢！"的情绪，一边不断介绍一线现状，最后总部总算是批准了我的请求，同意了物流中心增加文员。

如此一来，工人们可以专心做他们擅长的体力活，文员严格管理库存，确保票据与实物一致。而且我们还实行双重检查、三重检查，从而把库存管理工作做得更细致。

在一线的工作人员非常重要

每天，包括我在内，全员进行盘点。工人们对此非常不满，怨声载道。也难怪他们抱怨，干完一天活已经累得筋疲力尽，下班前还要全数盘点一遍商品，检查商品数量与库存账簿是否一致……如果库存账簿和实际商品数对不上还得重新再数一遍，弄清楚数字对不上的原因，然后才能回家。他们抱怨："文员已经仔细检查过了，没必要做这么麻烦的事情。"虽然知道也是难为他们了，但是我并未让步，命令大家就这么做，因为我想尽早证明增加文员这一举措是有效的。其实，每天下班前盘点库存时基本都能对上账，事实胜于雄辩，工人们从中感到自己的工作正在朝更好的方向发展，逐渐恢复了干劲儿，干起活来更加卖力。

此外，每天盘点库存的另一个好处就是年末盘点时不会出岔子。不管是对于我而言，还是对于工人们而言，下一次年末盘点库存时一定要一雪前耻，只能

◀ 110

成功不能失败。因此，我以必胜的决心要把库存管理好。

然后，就是几个月以后……

依照惯例来盘点的总部员工到了，他们戴着白手套开始盘点，我在旁边看着他们的一举一动，心想"怎么样，完美吧""你们别吃惊才好"。慢慢地，我从他们的脸上看到表情的变化，很明显他们被眼前完全不同于之前的精确管理惊到了。我们完胜，盘点结论是库存差异很少，而且，对于存在差异的部分我们也都一一清楚地做了情况说明，没给对方留下任何把柄。上次劈头盖脸责骂我们的总部员工面露微妙的表情，不得不夸奖我们做得相当好。

不给基层强加总部的要求

终于让他们大吃了一惊！送走总部的人后我们欢呼起来。当天夜里，大家在仓库里放上圆桌，筹备了一场宴会。在几只灯泡的昏暗光线中，大家边吃外卖送来的菜，边一杯又一杯地喝掉带有刺鼻气味的泰国烧酒。

我们当时开心极了。

身体壮硕的工人边说"我是真喜欢你"，边把胳膊搭在我的肩膀上，他虽然已经喝醉，但是手上的劲儿一点也没减弱，我当时疼得要命，但是心里很高兴。我是小个子，当时喝得晃晃悠悠，大概看起来很像被巨人拿在手里来回晃动。那是我职业生涯中最高兴的瞬间，这样说丝毫不为过。

◀ 112

就这样，在大家的共同努力下，我们收获了一个圆满的结果，此后我又经历了很多类似的事情，因此比起别人，我对于总部员工应该怎么做这件事思考得尤其多。总部员工的职责在于要求一线人员遵守公司规定、服从公司安排，并检查一线人员的执行情况，因此可以说上述总部员工只是在尽自己的职责罢了。但是他根本不了解我们一线人员每天拼命工作到深夜的现状，只因为没做库存管理就责骂我们，这样做有什么意义吗？

这只能让一线管理者陷入孤立境地，然后催生管理层与一线人员、总部与一线人员之间的不信任，使组织变得脆弱。

牢记自己 1 分钱也不赚

所以我做秘书课长时，如果要求一线人员做什么，我一定先倾听一线人员的想法。在此基础上，耐心向一线人员讲解要他们做的事对公司多么重要，使他们从心底真正理解和接受。然后帮着一线人员想办法，一起尽力把事情做好。

有人会说，一线人员遇到困难可以请求总部帮助，说这种话的人只是没能真正体会一线人员的心情。对于一线人员而言，向总部提出请求的心理障碍很大。我当初为了完善泰国物流中心向总部请求增添文员时，费了很大的劲儿。公司不该让一线人员那么费力，而应该主动提出这类建议，只有这么做才能在管理层与一线人员之间形成信任关系，从而使组织最核心的基础得以巩固。

驱动公司发展、创造收益的是一线。不赚1分钱的总部是靠一线养活的。因此，总部应该做的是帮助一线人员。想不明白这些的人做不了心腹。

14 ▶ 心腹应和顾问
共同制定战略

内部人员制定战略的局限

公司这类组织是一种"人工建筑"。

因此，我认为当发生问题时可以适当地对建筑物进行重新排列组合，替换个别部分。也就是说，我们应该正确掌握、分析公司所处的状况，同时明确管理该有的状态，使公司的构造和水准达到应该达到的状态。为了做到这点，我们可以重新组合管理资源，成立相应的部门或组织。不怕大家误会，这就像积木的替换组合。

那么应该怎样替换组合积木呢？制定这类战略具有难度，但是只要直视自家公司的一线和现实，理性思考，一定能找到方法。

然而，公司内部人员很难客观地看待自己公司的现状。因为公司内部人员在无意识状态下受到公司共有常识的束缚，而且掣肘于公司内部复杂的人际关系和派系纠葛，在分析公司现状时往往有失客观，改革时顾念情面。管理改革的主体一定是内部人员，但是我们也应该谦虚地认识到内部人员身上这种不可避免的局限性。

◀ 116

而外部咨询公司的顾问存在的价值正在于此。他们在业务分析方面的专业性当然非常重要，然而其最大价值在于他们不受公司共有常识的束缚，能客观分析公司业务，而且与内部人际关系和派系纠葛无关，思考问题时不受这些因素干扰，能够从根本上提出改革方案。

得益于这些优势，很多时候优秀顾问提出的战略提案能让熟悉公司整体情况的内部人员感叹："原来是这么回事！"

外部顾问的功与过

我们也需要清楚地看到顾问的局限性。顾问给出的战略提案可以作为一张大图来参考，但是千万不能全盘接受，那样做必然将招致失败。

因为顾问是公司外部人员，不能深入了解公司一线那种让人无可奈何的现实，以及组织内部自然产生的小团体主义、派系划分等复杂情况。正因如此，照搬顾问的提案直接实施，很多时候会招致公司内部发生严重冲突，改革无法推进。甚至，这种冲突还可能导致公司四分五裂，死气沉沉。

这就像硬币的两面，一方面，因为他们是外部专业人士，所以能提出客观、本质性的战略方案；另一方面，也因为他们是外部人士，所以提出的方案缺乏实操性。此外，需要注意的是，因为是硬币的两面，所以这两方面不能同时兼备。

但是在现实中，有些咨询公司在与客户签订服务合同时却要求加入"咨询公司提案的内容一点儿不能修改"这类条款。对此，我非常不赞同，外部咨询公司提出的提案必然是缺乏实操性的，只有适当地加以修改方能成功实现管理改革，这是成功改革的必要条件。

此时，社内心腹的重要性便凸显出来，因为心腹对一线的了解比决策者更深入，只有心腹能对外部咨询公司提出的战略提案做出最正确的衡量，并向决策者进言。

无法实施的战略不能称其为战略，心腹应该首先设想出实实在在的实施场景，然后从实施倒推战略，赋予战略更强的实操性。可以说，心腹左右着管理改革的成败，这种说法并不夸大。

◀ 118

警惕蛊惑管理者的专家

在远离一线、不具备基层感觉的决策层看来，有时顾问给出的头头是道的方案是相当具有魅力的，因为这些方案往往会列出数据做依据，且完美地符合理论体系，还描绘出一幅光明的未来图景。领导很容易被这样的方案蛊惑。

说难听点儿，社会上专门存在这么一批蛊惑管理者的专家，可以说，他们的工作就是制作漂亮的资料，并凭借极强的说服力对资料内容加以介绍。基本上，顾问的商品就是提案书，客户一旦验收，自己的任务结算完成了，就不再对结果负责。因此，存在上述那种专家便不足为怪。

更为严重的问题是，顾问并非止步于提出战略提案，而是进一步插手实施环节的情况。大家要充分认识到，在这种情况下容易发生更为严重的问题。

在这种情况下有两点需要引起大家的重视：一是，务必与咨询公司签订短期合约；二是，在实施阶段，尽可能将顾问的参与程度控制在最低，尽量安排公司内部员工主持实施工作。

最坏的一种情况是不但与咨询公司签订长期合约，而且不知不觉间逐渐将全部工作全权委托顾问负

责。刚签订合约时公司的管理层可能对管理改革非常
上心，但是随着时间的推移，他们的关心会逐渐减
弱。其结果就是公司内部很多岗位被换成顾问的人，
一线完全处于顾问的指挥之下。而顾问挥舞权力大棒
追求的不过是短期成果。

顾问是如何毁掉公司的

◀ 120

这样做算不上是管理改革，只会越改越糟。靠权
力强制推行战略提案，也许确实能勉强做出短期成
果，但是，这样做不但让一线人员身心俱疲，而且还
会破坏能长期地、持续地产出成果的机制，反而让企
业越来越虚弱。

从本质上来讲，培养强大公司这件事只能由公司
内部的普通人来做，大家靠自己的大脑独立思考（即
靠自己的力量），一边试错一边建设持续成长型组
织，除此之外别无他法。精明且收费昂贵的顾问们强

加给一线的改革不可能长久。

假若外部顾问介入得过于深入，将导致员工丧失主人翁意识和自发性，沦为不指挥就不转的人，这样的情况对于企业而言是致命性的。

进一步讲，即便顾问多少做出了一些成绩，但长期以来企业支付给他们的高额酬劳有时已经超过了做出的成绩，这样的例子比比皆是。轻易地把实施环节交给顾问负责，则可能给企业造成双重甚至是多重负面影响。

顾问不对最终结果负责

当然，我完全无意说天底下所有的顾问都是这样，事实上我自己、我们公司长久以来一直在与真心为我们着想的优秀顾问保持着密切的联系。而且，很明显，冷静观察顾问这一行当不难发现，不管合同约定的是只做调查和企划，还是也负责实施，顾问都不会跟客户承诺对最终结果负责，而且他们也负不了这个责任。这个责任始终是公司一方的。

超越这种界限，全权委托咨询公司进行企业改革是一种非常危险的做法，能否用好咨询公司取决于公司的自身能力。其中，心腹将发挥重要作用。对于自己公司的一线情况非常了解的心腹应该从在自己公司的落地可能性角度充分评估顾问提出的方案，将发现的问题如实报告给管理层。万一管理层采用了外表看起来漂亮但实际上难以实施的咨询方案，一切皆完结，很可能导致公司陷入混乱。

◀ 122

心腹必须守护管理者

那实在是可怕的事。

有件难忘的事情我至今印象深刻，当时我们收购了一家陷入困境的海外企业，正在做经营统合。调查团队针对被收购企业展开调查，并在调查结果报告会上出具了一份令人吃惊的综合评估报告，报告显示"该企业的管理层都是些不指挥不转的人"。

调查团队成员异口同声地说："坦率地讲，那家公司除社长外的其他负责执行的管理层成员都缺乏主人翁意识，他们不思考，没观点，不发言，变成了乌合之众。"

导致这种情况的主要原因之一，是这家企业多年来一直在经历各家咨询公司冠之以管理改革却完全不见效果的各种改革工程。这其实意味着一家大公司完全放弃自己的决策权，宛如一头即将死去的巨象。这份报告着实令人震惊，后来我们做经营统合时着手做的第一件事就是与指导该公司开展管理改革的各家咨询公司解除合约。

然而，导致这种事态的罪魁祸首并非咨询公司的顾问，而是对他们言听计从，即便改革不见成果却依旧继续跟咨询公司续约的公司管理层，以及他们的心腹，他们在思考能力方面存在欠缺。

必要的情况下借助顾问的力量，这完全不构成问题，但是顾问终究不过是工具，使用方必须坚持把决策权和实施权掌握在自己手中，一旦丧失这种意识，公司便会沦为没主见的乌合之众的集合，可能会从根本上垮掉。

为避免此类事态发生，了解自家公司一线的现实情况的心腹必须担起切实守护管理层的职责，从这一层来讲，心腹可以称得上是能左右公司命运的重要人物。

◀ 124

第四章

领导者的心腹
如何向上管理

15 | 秉持与
▶ | 高层一样的愿景

什么是公司该有的状态

"你想听取谁的意见？"

我做社长时，每逢遇到难以决策的情况时，总会在脑海中浮现企业员工们的面孔。自然，找谁商谈也取决于要谈的内容，当我想了解专业性问题时，会咨询相应部门的负责人；当我想了解市场情况时，不但会问负责人，也会经常问一线人员。

然而，我经常咨询的对象是比较固定的，特别是涉及整体上的经营管理这类宏观主题时，我的咨询对象基本是固定的。对于我而言，他们正是可以称之为心腹的那种人。

而且，他们身上具有共同点。用一句话概括就是，他们都具有不局限于自身利益、本部门利益进行思考的能力。当然，在具备相应的知识，能做出相应的业绩这些方面，他们也有共同点，因为是公司内的大部分人也同样具备这些特质，仅凭这些是不能够说一个人具备了心腹的充分条件，因为在这类条件基础上，一个人在考虑问题时能否从自身利益的局限中跳出来才是决定性因素。

◀ 128

管理就是要考虑整体最佳。若一个人只局限于部门或个人利益的局部最佳，他就不是一位合格的心腹。能当领导者的心腹的人，必须是那些在遇到有损自身利益的事情后，仍然能从整体最佳角度加以衡量和判断、进行理性思考的人。但是，此处需要注意一点：寻求整体最佳并不等于调整公司内部的各种利害关系。社长大概不会向这么理解整体最佳的人咨询问题，因为这种理解里面不包含"公司应该是怎样的"这类愿景。不能站在一定高度描绘组织愿景的人不足以与高层对话。

　　所谓寻求整体最佳，指为实现公司的目标而超越部分最佳，创造性地思考内部资源分配。换句话讲，心腹应该具备的根本性的资质不是调整能力，而是描绘企业愿景的能力和实现愿景的创造力。

祸兮，福之所倚

　　在这方面，我是幸运者。

　　我在入职普利司通后的第二年，被调到当时正在火热筹建中的普利司通泰国分公司，我当时热情高涨，但是等自己实际处于异国环境中后，我经历了很多根本没想到的痛苦。当时普利司通泰国分公司正在筹建过程中，当地的日本员工很少，我们需要以极有限的人力完成数量极为庞大的工作，上级根本顾不上手把手地教我怎么做。因此，当年十分年轻的我只能一切从零摸索着做起，身边全是与自己价值观不一样的泰国人，当时吃了不少苦头。

说实话，我当时不止一次想辞职逃回日本，但是当年机票比现在贵很多，虽说在国外工作能领到比在日本国内工作高一大截的薪水，但依然负担不起高昂的机票。当时想逃都逃不了。

然而在这种不幸中也蕴含了好运。时值普利司通进军海外的黎明期，社长、副社长、部长等总部高管频繁来普利司通泰国分公司指导工作，他们当然不会当天来当天走，晚上会跟所有常驻泰国的日本员工一起聚餐，因此我获得了接触公司高层的机会。

在这种场合，我得以与一个宏大的愿景相遇，而它成为贯穿我此后40年职业生涯的东西。

接受宏大愿景的洗礼

当然，作为一名刚入职第二年的新人，聚餐时我只有坐在角落里听大家交谈的份儿，然而高管们的谈话内容却非常吸引我。

全球轮胎行业是一种什么情况？身处其中的普利司通应该怎样做才能存活和发展？他们谈论的这类宏大愿景，是一名刚入职第二年的普通员工很难接触到的。

当年普利司通在日本已经跻身超优良企业行列，但在国际上市场份额只排名第十，是偏居东亚一隅的不起眼的小公司。在轮胎行业，小型超优良企业的处境非常危险。

轮胎这种商品的行业标准是全球统一的，基本不受国界影响，不存在市场壁垒，因此轮胎行业内的企业时刻处于"或者吃掉别人，或者被别人吃掉"的激烈竞争中，生存环境非常残酷。而被别人吃掉的都是规模小的企业，换句话讲，对于当时的国际行业巨头而言，像普利司通这种小而精良的企业不过是很容易被吞下的美味而已。

当然，我们不能坐以待毙，任凭别人把自己"吃掉"。为了活下去，普利司通只能进军海外，去

"吃"别人。基于这样的宏大愿景，作为国际业务的先头兵首先被组建起来的正是普利司通泰国分公司。当时普利司通也曾进入新加坡市场，但是不得已很快又撤销了在新加坡的业务，正因如此，总部对仅存的普利司通泰国分公司抱了极高的期望。

宏大愿景赋予工作深层意义

当时，业务规模远超普利司通的国际巨头轮胎企业凡士通已先于我们进入泰国市场，当时他们在泰国轮胎市场上的市场份额基本处于独占地位。在这种形势下进入泰国市场，可以说偏居亚洲一隅的小公司——普利司通加入了混战。

现实很残酷，就在普利司通进入泰国市场的第二年，占据全球最大市场份额的固特异[1]（Goodyear）也开

———

[1] 美国固特异轮胎橡胶公司始建于 1898 年，已有百余年的历史。——译者注

始开拓泰国市场。这就像，当沙丁鱼向率先占领阵地的金枪鱼发起挑战之际，鲸鱼突然参战，要拿走战场。

总部也有人提出"跟凡士通和固特异竞争没有胜算"，但是，如果此时不能打败他们，早晚会被他们中的一家吞掉。普利司通不论如何都要取胜，然而，如何取胜呢？公司高管们在我这个刚入职第二年的新人面前毫不遮掩地谈论这些大问题，并且允许我加入讨论，大家激烈辩论普利司通应该在泰国采取何种战略战术对付国际巨头们。

通过接触这些讨论，我得以理解自己在一线所做工作的意义，而且还促使我进一步思考，自己应该在一线发挥怎样的作用。

与高层秉持共同愿景

这对我而言，无疑是幸运的。因为刚入职第二年的我在偶然的机会中知道了公司的宏大愿景，即为了生存，普利司通必须扩大国际市场占有率。这一愿景不但使我痛苦的日常工作具有了意义，而且促使我将自己的职业目标与如何实现这一愿景紧密地结合在一起。约二十年后，我被提拔为秘书课长这件事也得归功于此愿景。

其实，把我提拔为秘书课长的社长正是当年普利司通泰国分公司的二把手，可以说，我和他拥有共同的愿景。除我之外还有其他人也秉持这一愿景，我不清楚当年社长为什么选择提拔我而非他们，但有一点可以肯定，那就是社长一定是在与他拥有共同愿景的人群中挑选秘书课长的。

那位社长曾做出决断，决定从跟凡士通合作转为收购凡士通，在他背后有普利司通历任高管传承下来的愿景。社长应该会想：如果心腹不能秉持这一愿景，那么他不可能在收购凡士通的项目中做好工作。

这也是我后来做社长时的真实感受。作为社长，当我无法做出判断时，想与之商量的也是合得来的人。当然，这完全不是指性格对路，说话投机。就算对方的性格、经历、专业与我完全不同也没问题，我所说的合得来仅指作为思考基石的愿景是否一致。

假若秉持共同的愿景，则问题意识的水平能保持一致，讨论时能一语中的，直接触及问题核心。此外，秉持宏大愿景的人能够超越自身私利或自己所属小集体的私利，能够进行创造性思考，以使公司接近该有的状态。

偶尔，心腹基于不同于我（社长）的观点提出不同意见，这样的做法才叫弥补我的不完美，这样的心腹才算得上值得信赖。

16 ▶ 体会
团队协作的乐趣

不要做"头大"的人

　　秉持与高管共同的愿景，这点对于心腹做好工作非常重要。因为，如果心腹不能在掌握企业所处状况、时代潮流、行业历史等基础上描绘与高层同级别的愿景，他便不能取得领导的认可。

　　因此可以说，大家从年轻的时候起就应该有意识地增加与领导接触的机会，比如聚餐之类的场合，并在接触时留心他们谈论的愿景，这里的领导不但包括我们的直属领导，还包括公司的管理层。

从公司外部的关系网中获取信息也有助于我们构建愿景，此外，通过读书广泛涉猎政治、经济、历史等知识，对于我们提升自身愿景的级别和层次而言也是必不可少的。然而，只凭这些还不够。或许可以说，只凭这些，弄不好会让人变成"头大"的人。相信大家也曾遇到过这样的人，即所谓万事通，他们嘴里谈论着那些不凡的愿景，偶尔还批评一下公司的政策，然而，落实到实际行动上，他们却只做别人吩咐的事情，从不主动尝试去做任何其他的事情。

这种人做不了心腹的工作，我在本书前文中曾多次强调，心腹的重要性正在于落实上。简单的万事通、批评家是无法胜任心腹一职的。

心腹秉持与高层同级别的宏大愿景非常重要，然而比这个更重要的是心腹在自己的实际工作中树立符合实际情况的理想、愿景，然后调动周围一切可以调动的力量实现它。在实践中积累这种实实在在的成功经验才是更重要的。

用行动把想法变成现实

换句话讲就是享受工作。作为一名员工，基本的一点就是把公司交代的任务完成好，然而只做别人交代的任务很没劲，试想一辈子坐在一平方米的狭小工位上做着别人交代的工作，这样的人生实在无聊。我们应该在贡献公司的前提下，积极尝试做那些自己认为有意思的事，这才是生命该有的姿态。

这世上原本不存在所谓完美的工作，即便看起来再完善的业务体系也存在进一步提升或创新的空间，大家也会想"能怎样怎样就好了""如果怎样怎样会更好"之类的，而这种想法正是理想或愿景。比起耐着性子做那些别人强加给自己的工作，试着向领导提出改进建议，积极争取改变更有意思。如果我们的提议足够好，还能引起别人的共鸣，获得大家的支持和帮助。而这种凝聚众人之力实现理想和愿景的过程才是工作有趣的地方。

感受创造新价值的喜悦

　　我首次体会到这种喜悦是在入职后的第三年。当时，我在普利司通泰国分公司做销售工作，公司面临一个大问题，即产品销售出去后产生大量呆账。我接到领导的命令，让我带着一组泰国员工去收账。

　　收账是一件相当考验人的活儿。欠钱不还的一方往往都有苦衷，因为这样那样的原因还不了款，一味软磨硬泡并不管用。我在与这些欠账人打交道的过程中找到了一些窍门，也做出了一些成绩。然而，泰国员工们的士气却日渐低沉下去，仿佛与这些成绩成反比一般。因为回收呆账这种活儿不能创造新价值，不能带给人鼓舞雀跃的感觉。说实话，我自己也感觉挺无聊。

　　在我的内心深处想的是"想做更积极主动的事情""想跟大家一起快乐地工作"，于是我跟泰国员工征询意见："咱们除了收账，也同时开拓一些新客户怎么样？"我分析，当时普利司通正在泰国市场与凡士通、固特异等行业巨头开展激烈竞争，为公司在这些竞争中做贡献还能完美地与公司愿景产生共振。

大家听到我的提议后精神为之一振，纷纷表示："这个听起来很有意思。"我们一起列出目标客户清单，制定策略，然后拿去向领导报告。领导提到我的申请后非常吃惊，问我："认为仅回收呆账一项工作就够你们忙的，真的可以吗？"但是，我的申请是要为公司战略做贡献，领导没有驳回的理由，于是当场答应了。

◀ 140

如此一来，我的团队马上来了精神，工作量变成原来的两三倍，大家都忙得不可开交，但是谁都没有抱怨和诉苦。当时泰国的汽车普及化尚处于初级阶段，优质客户基本都已经与凡士通建立了长期合作关系，即便如此，当我们使用精心制定的策略针对目标客户展开进攻后依然取得了不俗的业绩，工作变得非常有趣。我与团队里的泰国员工一起，实实在在地体会到工作带来的充实感。

捅破工作的天花板

有了这次的经验以后我醒悟了。只做别人交代的任务没意思，只有发起挑战，自己确立理想或愿景并积极去实现它，工作才有可能变得有意思。

创造点什么，创造新价值，光想一下就足够令人兴奋的事……这样的工作才能激发伙伴的共鸣，然后大家齐心协力投身其中，这样的过程才有趣。

此后，不管我被调到什么部门，处于什么职位，都会通过思考树立理想或愿景，并从实现它们中获取快乐。这种做法就是做一些公司现有系统中没有的非常规的事，因此有些人会认为有难度，然而事实并非如此。因为公司实在是个奇妙的地方，一旦你获得领导的批准，在获得批准的时间点已经获得了无罪推定。即便挑战最终失败了，也是领导来承担责任。申请人只要做到及时准确地向领导报告并在工作中付出努力就不会被追究责任。

而且，说服领导也不是什么难事，只要你提出的申请与公司的愿景、战略是一致的，就没有理由被驳回。我把这种行为称为"戳破天花板"，公司的"天花板"没什么了不起的。请大家不断戳破天花板，开心地工作。

非常规局面需要心腹

积累这种经验的意义主要有两层，一层意义是，我们从年轻时开始，通过自己制造非常规的事来锻炼心腹必备的能力。我做社长时，但凡想找人商量的时候一定是在遇到非常规事态时。这也是自然，在处理日常出现的普通问题时，找相应部门的相应人员就能解决，用不上心腹的智慧。

然而一旦发生非常规的事，只会按照常规套路处理问题的普通员工就会应付不来，在这种情况下领导能倚重的只有心腹。

因此自己不断制造非常规情况的人有潜力成长为

心腹。其实，不同于按常规办事，做非常规的事往往给各部门造成影响，因此需要开展广泛的内部沟通。有时还会遭到反对，如何说服反对者支持自己也很锻炼人，能倒逼人成长。在这种过程中磨炼出的见识和智慧，在我们日后处理非常规问题时能带给我们启发。

另一层意义是，使公司的理想和愿景与自身有机融合。为了争取领导批准，我们首先需要证明自己所申请的事与公司的愿景和战略是一致的。为此，首先要求我们深刻理解公司的愿景和战略，并认识到它与自己当前的工作紧密相关。只有在多次经历这种过程后我们才有可能将公司的愿景和战略与自身密切地联系起来，使自己与之融为有机的一体。

谁都会为实现理想而喜悦

此外，还有一点特别重要，我们需要充分认识到，假若不能引起周围人的共鸣并得到他们的支持，

即便我们的理想和愿景再怎么美好，也不可能得以
实现。

正如我在前文中反复强调的，心腹的任务是实现
管理层提出的愿景，把管理层倒推出的战略渗透到一
线，付诸实施。其中，引发一线人员的共鸣，取得他
们的支持是最难做到的。如果做不到这一点，选择强
行推行，那么就会导致改革本身流于形式化。

为避免发生此类情况，心腹非常有必要切身感受
与伙伴们齐心协力，一起实现理想和愿景的快乐，体
验这种发自内心深处的快乐。

◀ 144

这一点也不难做到。我们每个人都有愿望，都不
免会想"要是怎样怎样就好了"，只要我们树立的理
想和愿景是正确的，并努力争取别人的共鸣和支持，
别人就会乐于向我们伸出援手。我们需要做的就是怀
着感恩的心，与大家一起快乐地工作，把事情推动向
前就够了。培养这种感觉也就是在培养心腹能力。

17 | 用自己的话
▶ | 说服对方

不能沦为领导的传话筒

心腹没有权限做决策，其任务说到底不过是辅佐作为决策者的领导而已。或许有时心腹的意见能对决策者产生影响，即便如此，做决策的主体依然是领导。心腹不能根据自身意愿做任何决策。

心腹肩负着对内对外的沟通重任，以保证领导的意志得以实现。沟通时需注意一点，虽然心腹需要秉持与领导同样的愿景，实现大脑与领导同步，但时刻不能忘记保持自身的独立性。一旦忘记自己与领导是不同的两个个体这一点，就有可能在执行沟通任务时出问题，沦为简单的传话筒。而这样注定无法做好心腹工作。

我曾经犯过这种错误。事情发生在我刚出任秘书课长一职不久，如今回忆起来是件趣事。有一天，副社长叫我过去对我说他对于社长就某一项目做出的决策有不同看法，让我把他的话转述给社长。对于社长的决策我理解得非常深入，因此对于副社长的意见有些不赞同。然而对方是级别很高的副社长，我并没能当场说出自己的想法，而是原封不动地把副社长的意思转述给了社长。

心腹应与所有人平等对话

社长听完我的话，马上就明白了是什么情况。他盯着我的眼睛质问我："你很清楚我做那项决定的背景，为什么不指出他的错误？"我没正面回答，搪塞了一下，结果社长大怒："你是把副社长的话原封不动地拿给我了吧？这么做能算尽到你的职责了吗？"

说实话，社长的话让人听了很不好受。

我不过是区区一介秘书课长，夹在社长和副社长这种高管之间，除了传话，根本无力做其他的。但是社长批评得又有道理，我是社长的秘书，应该跟社长站在同一立场，确认别人的真实想法，如果对方存在理解不充分或误解，则应该代替社长指出他们的问题，争取他们的理解。如果不能做到这一点，只能沦为简单的跑腿儿。自己在社长和副社长之间不应只做传话筒，而应该坚定地站在社长的立场上去说服副社长，否则就失掉了自身存在的价值。

因此，我下定决心，重新去找副社长。我把社长的问题逐一提出，副社长却说："你不用说这么多，直接把我的话转给社长就行。"我跟副社长阐述了自己的立场和处境，希望获得他的理解。我说："我是社长的代理人，职责就是代替社长传达他的想法和意思。"我用自己的话与副社长对峙，最后终于取得了

147

他的理解。

交涉过程中我不住地流汗，如今回想起来觉得好笑，但在当时，其实挺难受的。然而通过这件事，我加深了对心腹一职的理解。心腹不是传话筒，而应该在深入理解社长意思的前提下，用自己的话说服别人。

用自己的话更能说服别人

用自己的话把社长的决策讲明白，这点非常重要。

前文讲到副社长最终被我说服了，原因正在于我不是一个只会原封不动地转述社长意思的传话筒。说到底，我之所以能和副社长开诚布公地进行讨论，正是因为我在内心深处认同社长的观点，并能用自己的话把对它的理解讲出来。面对副社长提出的问题和质疑，也能用自己的话回复他，而且，我自己真心赞同社长的决策，所以说出来的话也更具有说服力。

与一线人员沟通时也是如此。甚至可以说，比起副社长这种掌权者，向一线人员传达社长决策时更具难度和挑战。因为副社长这种掌权者如果不赞同会进行反驳，而一线人员在面对社长的决定时很难提出反对意见。心腹如果不能充分认识到这种微妙的差别，只会简单地跟一线人员说"这是社长的决定，请照办"，结果会怎样？一线人员没办法跟一个不能用自己的话沟通的心腹沟通自己的真实想法，所以只能选择接受。这样做有什么意义吗？表面来看，好像社长的决定在一线得以贯彻执行，实际上只是在把公司变成一个表面服从、背地抵触之风盛行的地方，并且会增大管理层与一线人员之间的隔阂和距离。

因此，对于社长的决定，我始终坚持打破砂锅问到底，直到自己真正认同为止。我会把能想到的观点都尽可能想到，然后从这些观点出发，确认社长该项决定的真实意图和决策背景，直到自己真心认同为止。或者，我会基于自己从一线人员听说的令人无可奈何的现实指出社长决策中存在的问题。有时社长也会嫌我烦，然而我不这样做的话就做不好心腹的工作，因此始终坚持向社长彻底问明白，直到自己能完全认同并可以用自己的话把社长的决定讲明白为止。

坚决反对社长的不正确决定

在我刚出任秘书课长后不久，社长决定收购以前的合作伙伴凡士通，当时我也奉行了打破砂锅问到底的做法。关于普利司通应该在国际市场上采取何种生存战略，我与社长秉持共同的观点，即便如此，对于社长的这一重大决定，我依然有很多疑问。

收购经营状况极度恶化的凡士通，风险非常大。我们也能选择收购别家公司不是吗？连像样的尽职调查都来不及做，收购后可能要面临巨额债务。即便冒这么大的风险也要收购吗？这类问题简直数不胜数。

因此我问了社长很多问题，连细节也没放过。而

150

社长明确地回答了我的全部问题，对此我心服口服，说不出一句反驳的话。社长在十年、二十年的漫长时间里大概一直在探索和模拟，然后确信，在此时此刻的瞬间，普利司通只能收购凡士通，除此之外再没有其他活路。

"当然，收购后各种问题都会暴露出来，我们只能想办法解决，渡过此关。除此之外，我们公司没有第二条生路可走！"社长当时的一席话，我至今难忘。

经过这一过程后，我完全认同了社长的决策。如果没有这个过程，后续我的工作是无法做好的。因为凡士通收购项目的金额实在过于巨大，我们受到了来自公司内外的强烈反对。其实，当初我四处去做工作，并不能顺利地让大家接受社长的决策。而且，正如当初预料的那般，收购凡士通后各种各样的问题层出不穷。"我说什么来着""看吧"之类的话，大家的批评声不绝于耳，甚至还有当面质疑此项决策的。

我当时之所以能顶住各方压力，不屈不挠地面对各位相关人员，正是因为我发自内心地赞同社长的做法，因为我相信，公司要活下去只能走这一步，没有其他道路可选。而我最后能说服各反对势力，令他们接受，靠的就是用自己的话真诚地与之沟通。

因此，我做社长后信任的人不是什么都不问，对我的决定全盘接受的人，而是认真跟我确认问题的人，只有这样的人才真正值得信赖。心腹如果不能彻底地用自己的话进行沟通，那么他一定不是一名真正的心腹。

18 ▶ | 以原理原则做思考轴

最强有力的思考工具

独立思考是对心腹的基本要求。心腹不应简单地全盘接受领导的指示，而是应该独立思考领导的意图和真实意思，分析决策背景，如果必要还应跟领导进行讨论，必须让自己做到真正赞同才行。如果对领导的指示心存疑问，就应该坦诚地指出来。没有这个思考过程，心腹不可能做好自己的工作。

那么，独立思考具体指什么呢？关于这个话题，可以从多种角度加以论述，我最重视的是以原理原则为轴开展思考这一点。我认为，人都是以某种尺度为参照进行思考的，我们只有在对照某种尺度时才能顺利地完成"这个对吗""应该怎么办"等这些思考。而最重要的尺度就是原理原则。

原理原则并不是什么高深难懂的东西，连小学生都知道珍视生命、爱护环境、不撒谎、遵守规则、保证品质等理应如此的大道理。然而，如果我们思考问题时真能严格遵循这些大道理，那么不管我们身处多么复杂的环境、不管意见多么复杂，我们都能避免做出错误判断。原理原则才是最强有力的思考工具。

◀ 154

不能破坏原理原则

原理原则又是非常严肃的事情。一旦我们破坏它，一切都会走样。财务造假、篡改文书、原材料造假、过劳死……这些我们平时从新闻报道中听到的问题全部源于人们对原理原则的践踏。破坏原理原则的后果还包括必须接受来自社会对我们的公司和工作的否定，并使组织陷入生死存亡的重大危机之中。其实，只要我们认真遵守原理原则，完全可以避免陷入这种境地，只能说破坏原理原则的做法实在很蠢。

但是，这事儿真正做起来却并不像嘴上说说那么简单。因为我们基本时刻处于彼此矛盾的价值观的相互对立和冲突之中。比如，利润和品质。事业要健康发展，必须保证公司适当盈利，因此需要尽量努力降低成本率。正是得益于这种不懈的努力，公司才得以开展业务创新，打造新一代产品或服务。然而，当公司陷入经营困难时，不管你愿不愿意，引诱公司脱离这种良性努力的因素就会蠢蠢欲动，发挥作用。特别是公司高管的肩上还承担着给股东、合作伙伴、员工等利益相关者分红的责任，压力之下难免不会想：可以把品质降低一些，从而降低成本率，保证利润。对于高管受这种想法的吸引，我们也能理解，要真正抵挡住这种诱惑需要相当的勇气。

然而，一旦我们被诱惑，哪怕产生一丝一毫的动摇，都是极其危险的。所谓生意，只有在我们为顾客提供品质令人满意的商品或服务的基础之上才能做下去，以牺牲顾客满意度为代价换来的利润是非良性的。通过这种方式降低成本率，可能一时能赚钱，但是却在把公司变成视"保证品质"这一原理原则如儿戏的组织，给公司声誉造成极为恶劣的影响。

破坏保证品质这一原理原则，将严重挫伤员工对工作的自豪感，造成公司士气低下。从结果来看，这一做法使公司走上了一条长期衰退的道路。

情况进一步升级的话，甚至不撒谎的原理原则也将被突破，原材料造假就是这种情况。跟顾客鼓吹采用优质原材料，实际却用廉价劣质的材料以次充好，发展到这一步，公司将不可避免地受到法律的制裁。

◀ 156

唯心腹能做到的事

发生这种事，说到底是社长出了问题。组织决策的最后一关掌握在社长手中，社长必须对组织脱离原理原则的行为承担责任。

　　每次我看到这种报道的时候都会感叹，为那位出事儿的社长没有个可信赖的心腹而惋惜。

　　我这么说不是为社长辩解，社长也是人，一个不完美的人在困难处境中一边承受着巨大的压力一边又要做决策，要说完全不出错是不可能的。

　　此时正好体现了心腹存在的意义，心腹是区别于社长的独立存在，肩上不承担那么大的压力和责任，可以坚持以原理原则为思考轴考虑问题，并基于此指出社长应该怎么做才正确。这么做既是在保护社长，也是在保护公司。

正确思考的基础

　　然而，原理原则却很脆弱。大概如今被曝出的这些丑闻当初大部分都是从极轻微地违反原理原则开始的。除故意为之的情况外，大家都懂原理原则的重要性，然而在承受巨大压力时，很容易稍微违反一点点。这里的一点点就成了毁掉大堤的第一个蚁穴，"再违反一点儿也没事儿""这种程度没关系"等想法会慢慢松动我们心中的原理原则，将它变得无足轻重。此时的我们已经失去了独立思考能力，沦为完全被环境支配的被动方。决策者一旦陷入这种思想之中，心腹确实很难将他拽回来，但是，心腹要保护公司，就必须具有在任何情况下坚守原理原则的坚韧。

◀ 158

日常勤思考什么是原理原则，并以之严格自律，持之以恒地坚持这么做正是心腹正确思考的基础，向领导进言时自己的话也会更加具有说服力。

我认为这才叫独立思考。一个人，不管头脑多么灵活、知识储备多么丰富，只要不信仰原理原则就做不到真正地独立思考。不追求原理原则的人，只能被环境左右。

心腹应坚守原理原则

谈到这点，我想起一件事，当初非常感慨。当时我是普利司通欧洲分公司的负责人，公司派干部去全球性企业杜邦接受培训。杜邦公司的工厂以严格遵守安全第一的原理原则而闻名，它是知名的化学企业，同时也开展安全咨询、安全培训业务。我认为普利司通也应学习杜邦这种思想。正是在那次培训过程中发生了一件令人颇感意外的事。

据参加培训的干部反馈，杜邦安排给大家培训的人非常绅士，培训过程中非常耐心细致地向大家讲解杜邦的思想和操作规范。但是大家要去工厂参加现场培训，在下楼梯时，杜邦的绅士培训员忽然正色，严厉地对大家说："培训到此结束！"学员们不明就里，问为什么突然结束了，培训员说："大家是来杜邦学习安全第一思想的，然而自己下楼梯时连扶手都不扶，真正把安全视为第一的人绝对不会做出这种事。你们既然是这样的，就算再怎么接受培训也是徒然。

请大家回去吧。"

杜邦的培训员真生气了。大家都以为，我们是花了钱来接受培训的，不可能就这么结束了吧，然而他们想错了。杜邦的培训员当真把后面的培训取消了。

我听说此事后一方面非常吃惊，一方面又感慨于杜邦如此彻底地坚守原则。原理原则确实需要人们这么执着地追求和彻底执行，不然很容易形同虚设，它就是这么一种脆弱的东西。世界上很多工厂都会提安全第一的口号，然而事实上大部分更看重生产，而非安全。杜邦却始终在真正坚守安全第一，直到今天，因为他们真正把原理原则铭刻于心，并把它上升到了思想的高度。讲安全第一，他们是认真的。

160

也许有人认为这么做有些过于严格了，但是我认为这种程度的严格对于心腹而言是必须的，否则当我们身处高压之下，面对各种错综复杂的意见时很难做到坚持以原理原则为轴进行思考，也无法有效帮助不完美的领导。

19 ▶ │ 制约才是
思考的源泉

懂制约才能灵活思考

认真遵守原理原则正是优秀心腹进行思考时的出发点。我这样说，可能有人会反问："过分强调原理原则，会不会太较真儿了？"事实并非如此，这是一种误解。甚至可以说，正因为遵守原理原则，我们才得以灵活地、富有创造性地进行思考。

稍微想一下，就能明白这个道理。分毫不差地遵守原理原则确实给人制约感，但是换个角度想，只要我们不超出原理原则，在其范围内做什么都行。"绝

对不能做什么""绝对要做什么"弄明白这些作为
制约条件的原理原则后，其实我们反而更能自由地
思考。

有问题就有解决的方法

非常重要的一点是，当领导要破坏原理原则时，
心腹只指出不应该这么做是远远不够的。前文谈及的

例子就是这样，领导之所以要破坏原理原则一定有他
的原因和苦衷。当时社长非常担心开董事会会导致信
息泄露，这是他作为管理者具备良好问题意识的一种
表现，因此如果我当时只是单纯反对，只会说应该通
过董事会的话，社长根本不会轻易接受。他反过来说
我"这种事，你不说我也明白"，也属正常。

如果我就这么退缩了，根本算不上尽到了心腹的
职责。但是仅凭嘴上交锋一点意义都没有，也不可能
战胜手握权力的领导。因此，心腹需要提供解决办

法。这个解决办法既要不违反原理原则，又要消除社长的顾虑和担忧，这样就能让社长放心地遵守原理原则。心腹做到这种程度才算尽到了自己的职责。

要想出这样的解决办法，并不需要特殊才能。只要具备一般的常识判断能力，谁都能想出来。真正重要的是明确制约条件，即正确地设定问题。

当我们接受必须遵守的原理原则后，只要能明确问题是什么，就一定能找到某些解决办法。关于这一点，我可以用自己40余年的职业经验做担保。

为了坚守而接受短期损失

换句话讲，在商业上坚守原理原则是绝对可行的。有时，我们为了坚守原理原则，必须做好接受短期损失的心理准备，但是这么做能避免让组织陷入破产境地，或者应该说只有这么做才能引领企业/组织走向繁荣。

　　比如，我当上社长后对全公司强调，我们奉行安全第一原则，所以比起利益、比起生产、比起其他任何东西，都应该把安全放在第一位。然而实际上，公司的一家工厂发生设备故障，为了不停止生产，他们不得已改为人工操作，而比起标准作业，人工操作过程中会伴有不明风险。当时我果断命令停止生产。

　　工厂一旦停止生产，其他环节也将受到影响，最坏的情况下，公司的损失额可能达到上亿日元，但是践踏原理原则给组织造成的恶劣影响远比这更可怕。因为一旦安全第一的原则从根本上发生动摇，很可能出现事故频发的局面，故而我才明确强调："为了安全，损失额再高也不用去考虑它。"

掌握全球通用的工作能力

　　后来我又面向普利司通的全球员工发出负责人公开信，明确表态，优先保证员工安全。只有坚持这种态度才能使普利司通获得员工们的认可，获得所在地区和所在国家的认可，通过此举，我传达出普利司通坚守原理原则的决心和意志。

其结果，我感受到大家的安全意识提升了。作为间接效果，公司得到当地国家和地区的支持，招工非常容易，这对于公司发展而言是最难能可贵的。

所以说，坚守原理原则的做法即便会造成一些短期损失，从长期来讲一定是有利的。非常重要的一点是原理原则在全球都是共通的。除了安全第一即珍视生命这一原理原则外，爱护环境、不撒谎、遵守规则、保证品质等原理原则因为太过于理所当然，以至于不管在世界什么地方，对于任何人种而言都适用。

其实，普利司通分布在全球的分支机构所共同遵守的不外乎是与这类原理原则类似的东西，这些东西具有很强的普遍性，谁都能接受，即便是文化与日本截然不同的国家也不用担心引发法律问题。而且，全球员工共同秉持相同的原理原则有助于提升企业凝聚力，这是企业健康发展的坚强基石。

因此，有志成为领导者的心腹的各位朋友请务必坚守原理原则，那等于掌握了全球通用的工作能力。

第五章

领导者的心腹
如何与团队沟通

20 ▶ 心腹的任务就是 直面冲突

心腹干的净是脏活儿累活儿

心腹的工作净是脏活儿累活儿。我做秘书课长时，作为社长的心腹，做的基本是些脏活儿累活儿。确实，与社长和高管们集体讨论业务战略、陪同出席重要会议、汇总上报给社长的提案、撰写社长发言稿等工作也非常重要，但是从工作总量来看这些只占极小的一部分。我的大部分工作都是与公司内外的相关者进行沟通和协调。

在利益各异的几方之间沟通协调，真是非常麻烦的活儿。而我的情况更甚，当时正值普利司通收购凡士通，进行经营统合的阶段，经营改革正在激烈推进之中。

我已经在前文中介绍过，凡士通收购案受到了公司内外的强烈反对。这个项目是当年日本金额最高的收购案，当时凡士通处于每天亏损1亿日元的恶劣状况，大家反对实属正常。加之没时间做充分调查，"收购后不知道会出现什么问题""太危险了"等来自各方的反对之声着实够人受的。但是，当时社长深知普利司通要在残酷的国际竞争中生存只能走这一步，因此面对大家的激烈反对丝毫没有退缩，断然做了收购决定。于是向各部门、各阶层或传达或说明社长的各项决策，争取大家理解的任务就落到了我的肩上。当时我的任务就是接受大家的批评和质疑，解决各种棘手问题。

心腹的任务就是直面各种冲突

话虽如此，这实在是件让人不好受的差事。尤其是在收购结束后开展经营统合阶段，所有问题都涌现出来，当初持批评和反对意见的人纷纷站出来，严厉地指责我说："看吧，被我说中了吧！""我当初说什么来着！"

此外，国内销售团队的反对情绪日渐高涨，大家抱怨"为什么把自己辛辛苦苦挣来的钱投给胡乱经营的凡士通，没有这个道理！"我自己也曾经在普利司通泰国分公司做过销售，切身知道卖出一只轮胎的艰辛和不易，所以非常理解销售人员的心情。我站在大家的对立面接受各种批评，那种滋味实在很难受。

但是对于一位心腹而言，他所服务的领导职级越高，自己就越难以避免被牵涉到这种事情中。因为所谓经营战略不是在现在的延长线上制定出的，而是从未来该有的样子倒推出来的。换句话讲，战略注定与现状是非连续的，其中必然包含否定现状的因素。战

171 ▶

略自身的这种性质决定了它必然受到习惯于逐步改进现状者（一线人员）的抵制。

凡士通收购案是一项彻头彻尾的倒推式决策，谁都清楚收购凡士通会涌现出各种各样的问题，但是普利司通不这么做就没有活路。不管一线人员如何反对，公司都要把事情做成，心腹身处其中，不可能回避这种对立关系。

◀ 172

人际关系不好实属正常

那么面对这种局面，应该怎么做呢？我认为心腹只能培养自己豁达的心胸，认识到人际关系不好实属正常。

有一种说法是，人类的所有烦恼都来自人际关系，我深以为然。不管是谁，身处激烈对立的人际关系之中都会难受。但是又必须得有人做这种事，否则公司的经营战略很难付诸实施。所以，认清这一点后，心腹不如坦然处之，既然人际关系不好在所难免，那么只能这么做下去。

对于处理这种事，我比较在行。我从年轻时，就经常被派遣去调解矛盾，多次充当问题调解员的角色。当公司内部发生问题时，领导会对我说："你去看看。"等我弄清状况回来报告后，又会对我说："你想办法解决一下。"

一般而言，公司内部发生的纠纷大多涉及多部门，很少出现单部门内部矛盾。而且，探究下去一定会出现"某某某不好""不，是某某某的错"这类局面，而心腹作为问题调解员，不得不投身于这种对立之中。

原本仅此一条就足以让人压力大，再加上有时为了解决问题，我不得不指出个别人的问题"请改正……"然后对方自然会攻击我，"你有什么资格说我"。有问题的人也有他自己相应的原因，我找准要害迎难而上也实属无奈之举。

我还遇见过更过分的情况。在各位高管都在场的会议上，相当有权势，手下管着几百号人的管理层人员不留情面地指名说我"荒川太不行了！""荒川只考虑自己，因为有这种人插手项目，才平白生出这么多问题来"。

我年轻的时候遇到别人这么攻击自己，曾经多次情绪低落，心想又不是我想做问题调解员的："饶了我吧……""为什么我要承担这些……"

按照符合目的性原则办事

后来做问题调解员的次数多了，我逐渐习惯了这种工作。很多问题都是通过我替别人受过的方式解决的，也出现过有人事后对我表示感谢的情况。慢慢地我有了自信，想明白了，就算人际关系不好，也总会有办法的。

事情是人做的，难免不出问题，造成问题的人为了给自己开脱自然会进攻别人。面对这些攻击，淡然处之，只要把问题解决掉就好。稍微发生点不愉快也没什么，只要不影响组织正常运转就行。这么想开后，我变得豁达了。也可以说，我是看透了，人就是这样的。

能够做到这么豁达与我原本就不善交际不无关系，也就是说，像我这种人进入公司，基本上周围都是跟自己合不来的人，怎么与这些跟自己合不来的人相处曾经是我必须克服的一大问题。

人一旦进入公司这种组织，考虑到一天中的数小时都要与同事一起度过，总想"要与别人和睦相处""得注意别发生不愉快"，尽管自己已经尽最大努力，往往结果却不如人意。我认为正因为大家抱有这种不切实际的幻想，才会在面对人际关系问题时那么痛苦。

相反，如果自己想开了，认识到人际关系不好实属正常，之后再处理职场人际关系时就会意识到自己以前的想法多么傻。而且，就算自己被卷进某些冲突也很正常，为保证公司正常运转，只要本着符合目的性原则，做好自己的工作就行了。这么一想，心里踏实很多。

虽说要豁达，要想明白人际关系不好实属正常，但是这并不意味着我们可以胡乱地对待别人，正因为不好是正常的，才需要我们付出努力尽量把它变好，否则我们的人际交往将全面崩盘。一旦我们自己主动把人际关系搞砸，就不可能本着符合目的性原则做好工作的。

退一步讲，不管我们多么注意，组织中依然不免出现冲突和对立，这时我们秉持一颗平常心，坦然接受人际关系不好实属正常的事实，做好自己的工作将是具有建设性的。心腹想卓有成效地合理开展工作，不被人际关系左右，那么豁达接受人际关系不好实属正常的现实这一点是必不可少的。

◀ 176

21 ▶ 心腹应
如何坚守中立性

公司内部存在派系是正常事

　　我有一些供职于其他公司的朋友，其中有一位曾跟我倾诉自己的苦恼。当时他的角色相当于某位社长的心腹，反对社长的一派明里暗里攻击他，他对此非常烦闷。貌似反对派要扳倒社长，夺取权力，因此也会时不时地给社长心腹施加压力。

　　也就是说，我的朋友当时正处于内部斗争的旋涡之中，承受着特别大的压力。我听他说这些事非常吃惊，感慨"还有这种事呀！"同时庆幸普利司通内部没有这种恶性派系斗争。

但是，我也在小说或电视剧里看到过这类不顾社会和顾客只顾搞权谋斗争，最后导致企业衰落的情节，尽管对此十分反感，依然设想过如果自己身处这种环境应该怎么办。我最先想到的是松下幸之助曾经说过的一句话"拉帮结派是人类的本性"，整段话是这样的：

> 可以说，有人类聚集的地方必然有集团、派系，这种东西会自然出现。而且派系这种东西给企业整体运营层面造成的坏影响并不少，特别是如今被称为"派阀"的东西，这种倾向性更强。因此人们积极主张消除派阀，为此也做出了不少努力，但实情是效果不佳。归根结底，拉帮结派是人类的本性，消除派系的可能性不大。

◀ 178

换句话讲，公司内部出现派系就像自然现象一般正常，否定它也无济于事。

在派系中和谐进行内部协调

这与我的切身感受是一致的，什么样的企业内部都存在小团体主义。比如，研发团队主张不惜花费高额经费也要提升品质，但销售团队出于财务良性运转的考虑，主张削减研发经费；新成立的业务部门希望公司拨给本部门更多预算，而老部门却反对把自己挣的钱投给新业务。

大家的立场不同、主张各异，各有各的道理。其中持有相同主张的人彼此认同感增强，形成团体，这是一个极其自然的过程。可以说，正是基于不同部门之间的这种争论，我们才得以选出对于整体最佳的答案，对于组织而言，这样的做法是合理的。

人们围绕着能力或人品出众的某个人自然结成松散的组织，这也是正常现象。可以说，公司层面其实希望看到这种组织中的核心人物作为领导者崭露头角。

对于公司而言，派系的存在未必是坏事，可以

说，能否在承认其存在的基础上灵活调解各派系关系
是衡量一名心腹是否合格的重要标准。这对于心腹的
领导而言也是非常有助益的事情。

心腹不可避免会带有派系色彩

但是，我们应该对组织结构方面的问题引起重
视。在金字塔形的组织里面，越往上走职位越少，制 ◀ 180
度决定了职位竞争是不可避免的。当一个职位机会由
两个人竞争时，权力欲望强烈的人便会拉拢支持自己
的人形成一派，与大家合力扳倒自己的竞争对手。

换句话讲，派系原属正常无害的东西，但在权力
欲望的驱使下可能引发公司内部非良性的斗争。前文
中谈及的我的朋友，他因为充当着社长心腹的角色，
因此遭到反对派的攻击。

这种处境确实令人痛苦，因为只要他是社长的
心腹，必然会被别人视为"社长派"，这一点不可避

免。对于我的朋友而言，按照社长的决定行动乃是他的工作使然，但是他的举手投足却因此不得不带上派系色彩。可以说，心腹的角色天然带有派系色彩。

那么，他应该怎么做呢？

我认为，他首先应该认识到自己身上的这种派系色彩，只要自己还做一天社长的心腹，就不可能单纯地中立。心腹在与各种各样的部门和个人打交道时，如果不能充分考虑到其派系立场，将会激化很多无意义的派系冲突。

比如，在受到反对派人士的语言攻击时，不管对方的话多么让人恼火，他都不能感情用事，反驳对方。因为一旦他那么做，对方便认定那个家伙果然是社长派，他在跟我作对呢。一旦社长在斗争中失败，反对派取得权力，毫无疑问我的朋友将陷入非常不利的境地。我认为，对这种挑衅视而不见不失为一种良策。

怎样让自己保持中立

说到底，心腹只是辅助社长的角色，并非派系斗争中的主体。这种关系就像政治圈里政治家和官员的关系，开展政治活动的是政治家，根据政治家的决定执行具体业务的是官员。官员应该是没有党派的，不管谁做政治家，官员的任务都是为其提供专业辅助。

心腹也是这么回事儿，就算公司内部发生权力斗争，斗争的参与主体也应该是以社长为首的高管们，而不是心腹。归根到底，心腹应该做的不是积极参与派系斗争，而是坚守作为组织中的一员应该坚守的原理原则。

所谓作为组织中的一员应该坚守的原理原则指作为组织的一员，持续思考工作的本质，并付诸积极的、良性的行动。具体到心腹，我们的工作就是把领导视为机构，为了让该机构高效运转，而提供辅助。重要的是，不管领导是谁，都应全力辅助他开展工作，这才叫心腹。意思就是心腹需要时刻保持这种专业态度。

此外，心腹在做判断时，必须以原理原则为依据，而非派系斗争。比如，反对派提出的某项提案被送到心腹手中，此时，只要该提案对公司的未来发展是有利的，心腹就应该向社长进言，劝他采纳。这种时候，心腹应该避免考虑派系立场问题。心腹应该考虑的只能是提案内容是什么，而非提案是由谁提出的。

只要心腹能彻底坚持这种工作态度，反对派也能从中感受到"那家伙是中立的"，至少这么做不会让对方的敌对情绪升级。我认为这才是真正的中立。我们只有坚守作为组织中的一员应该坚守的原理原则才能真正让自己的立场保持中立。对于身处微妙的派系斗争中的心腹而言，这一点是自己安身立命的准则。

22 ▶ 享受工作乐趣的 人才是强者

为晋升而努力，副作用很厉害

◀ 184

被视为心腹是一种提拔。我做社长时，一旦认定一个人值得信赖，便在心中把他/她视为自己的心腹，愿意听取他/她的意见和看法，这与对方的职位、年龄等丝毫没有关系。只要他/她符合本书前文描述的思维方式、思考方法、沟通方式，不管职位多低，或多么年轻，我都尊他/她为心腹。

当然，想把他/她提到更高的职位上，想给他/她更优渥的待遇这类想法也是非常正常的。从这层意义上来讲，毫无疑问，被视为心腹约等于被提拔，二者关系非常密切。

我观察了很多人，然后总结出一点自己的看法。我不提倡大家为了被领导提拔而努力工作。当然，力争上游，努力工作这很好，如果他自身又确实有足够的能力，可以做出实实在在的业绩，或许真能被领导提拔。但是这么做是有副作用的，大家最好提前弄清楚。

太想升职的人很危险

首先，被提拔意味着在众人中被提拔者是出众的，志在被提拔的人不得不自我表现。但是在争取别人理解或与别人开展合作方面，这只能给他/她造成不利影响。还有可能给人造成"那个家伙在利用我们，只为自己出人头地""只要是比他高的，他就想取而代之"的印象。

其次，太想升职的人往往过度忖度领导的心意，因为对方手握人事大权，能决定是否提拔自己。本来心腹应该向领导坦诚进言，这样才能避免让领导变成《皇帝的新装》中的那位裸体皇帝，一旦心腹过度忖度领导的心意，就本末倒置了。讨好上司的人只会被周围的人看不起。

其实为了升职，过度迎合公司和领导的要求或不断勉强自己是非常累的，我们的职业生涯很长，靠勉强不能持久，一定会在某个时刻垮掉。而且，大家在内心深处对那些把欲望赤裸裸写在脸上的人是疏远的。弄不好，也许没有一个人愿意与他/她合作。如果需要付出这种代价，就算他/她确实出人头地了，人生也是非常空虚的。另外，当向上爬遇到挫折或困难时，他/她将失去支撑自己前行的根本动力，情况严重的话，甚至会造成精神打击。因此，每当我看到有人为了升职那么努力，都会为他担心。

工作的乐趣与画画的乐趣是一样的

我之所以认为工作的乐趣与画画的乐趣是一样的，大概源于我个人的价值观。我是阴错阳差进入普利司通这家企业的，以前我性格内向，非常羞怯，不擅长跟人打交道。大学时我读美术专业，是一名喜欢默默画油画的老实学生。

原本我的理想是找一份与艺术有关又有个性的工作，但是现实残酷，为了生存只能找份普通工作，此时引起我注意的正是普利司通。我想这家企业拥有自己的美术馆——普利司通美术馆（现在的ARTIZON美术馆），一定是一家文化型企业。

我幸运地被普利司通录取了，但是实际开始工作后我发现公司跟我想象的完全不是一回事。前辈们一个个雄赳赳气昂昂，而瘦弱的我就像一只小鸡，跟他们怎么都不是一路人。我对轮胎不感兴趣，从本质上讲，我对商业、挣钱这些也没兴趣，因此当时我在心里嘀咕："我能在这里干下去吗？"

入职后的第二年，我被公司派往泰国工作，当时
实在太苦，我甚至想辞职逃回日本。但是，想回日本
重新找工作，我连回国的机票都负担不起，当年飞机
票特别贵。没办法，只能在泰国努力工作，这就是我
职业生涯的起点。

然而，只做上司交代的工作很没意思，所以我试
着去实现自己的想法并从中感受到了工作的乐趣。当
我把一个全新的想法做成后，我在为公司做贡献中认
识到了自己工作的意义和自身的价值。

如今回想起来，我发现这与我学生时代画画是一
样的。画画就是先在头脑中构思作品完成后的样子，
也就是愿景，然后实际把它画出来。此外，创作出一
件此前没有的新作品能让人尝到难以言表的喜悦。我
在企业中从创造新价值里同样发现了这种乐趣。

画画只需要一个人就能完成，但是在企业里创作
作品需要跟别人合作才能办到。当自己和大家一起创
造出新价值时，我从与伙伴们的关系中体会到了一种
莫大的喜悦，当然对于不善于跟人打交道的自己而言

其中也掺杂着艰辛。这种喜悦成为支撑我在普利司通公司做下去的原动力。

怎样才能对领导直言不讳

可以说我基本没有往上爬的野心和权力欲望。当看到别人为了赤裸裸的权力欲望相互倾轧，我从内心深处感到失望。我完全不想跟这种事沾上半点边儿，只想做自己认为有趣的事，工作之余完全沉浸在绘画之类的艺术世界里。因为这些对于我而言有趣得多。

我自己认为这一点非常好。我之所以能做到不歪曲事实，敢于对领导直言不讳，正是因为自己没那么强烈的权力欲望和野心。在我的内心深处，想的是领导怎么看我无所谓，所以我认为在遇到无法接纳的事或认为某件事不合情理时没必要压抑自己的真实想法去迎合领导。一味压抑自己的真实想法，弄得自己都不像自己了，这样我会讨厌自己。

做社长也没什么了不起

　　说白了，我对普利司通这家公司也没什么执念。我也曾像大多数人一样，萌生过"干脆辞职吧"的想法，当时我五十多岁，自己深入思考了应该怎么做对公司更好，但我得出的结论不被公司采纳，于是打算辞职，连下家都找好了。

　　说来也奇怪，一经做出辞职决定，大概因为完全没了私心，反而更清楚地明白了公司应该朝什么方向发展。正巧在此时，公司高层找到我说："某项业务出了问题，你能想办法解决解决吗？"于是我决定再努力一把。

　　此后，机缘巧合之下我历任普利司通泰国分公司的法人代表、普利司通欧洲分公司的首席执行官，总公司社长。当然这是很光荣的事，但是同时也经历了各种各样的管理危机和个人挫折。如今有一点我敢断言，即做社长没什么了不起。

　　我也尝到了身为社长才能体会的喜悦滋味。特别是身为总公司的社长，可以挑战比之前创造的新价值更大的全球级别的新价值。上任时我曾立下目标："要为企业成长为名副其实的世界第一打下坚实基础"，后来我凝聚企业全员之力率领企业度过了次贷危机、日本大地震等危机，成功达成了当初设定的总资产利润率（ROA）增长6%的目标。对于我而言，这种达成目标后的满足感成了人生中一种独特的记忆。

但是，必须要强调的是，做了社长并不意味着与别人相比自己是上等人，也不等于自己拥有了上等人生。我真心认为那只表示你在做社长一职的工作，除此之外没有任何更多的含义。

因此，我认为为了权力和野心每天紧绷着弦，忙忙叨叨地度过宝贵的一生是非常可惜的。比起这么过一生，勇敢追求自己真心认为有意思的事要好太多。把自己心中"要是怎样怎样就好了"的想法设定成目标和愿景，争取周围人的认同和支持，然后大家一起把它变成现实。这个过程带给人的喜悦感远比权力、晋升带来的喜悦感强烈，它还会变成我们职业生涯中的快乐源泉。追求它，你一定能收获丰富的人生。

我见过很多各种各样的人，不得不说，赤裸裸追求权力的人不适合当心腹，那些被提拔为心腹，事业自然而然地越走越宽的人都是能在自然真实的状态下凝聚众人之力，使大家快乐地把工作做成的人。

略微思考就能想明白必然是这么回事，这种人会被周围的人自然而然地推举出来，而在管理层看来，以这种方式脱颖而出的人是连接管理和一线人员的最佳人选，最适合充当心腹的角色。

◀ 192

我认为这才是充分挖掘自身潜质的最佳方式。以权力和野心为原动力的做法存在局限性。我们应该为了跟团队一起愉快地创造价值而工作，我非常确信，这种朴素的态度才是我们最大限度挖掘自身潜能所需要的。

后

记

　　做领导者还是做追随者？这是一个经常被大家讨论的话题，我在写本书的过程中始终在思考这个问题。现在，我在即将完成本书写作的此刻，得出了自己的答案：二者本质上是一回事。

　　当然，领导者和心腹的作用不同。领导者负责做决策，统筹实施，并承担相应后果；心腹的任务是辅助领导者。可以说，领导者最重要的追随者就是心腹。

　　但是，诚如本书再三强调的，心腹必须是不同于领导者的独立个体，必须能在必要时牵制领导者，否则就不能真正守护领导者。而心腹的独立性便是对原理原则的坚守，并且原理原则必须是他们自己在实践中思考得出的结论。也就是说，自己约束自己的能力本身就是一种领导力，离开它，心腹不可能做好自己应尽的职责。

此外，心腹的工作是保证领导这一机构正常发挥功能。为此，心腹必须靠自己的力量想明白"公司应该在社会中充当什么角色""公司应该发挥怎样的功能才能为社会做贡献""在公司内部，领导者应该发挥怎样的功能"。心腹在想明白这些宏观问题的基础上，先于领导者谋划布局，预先把路铺好，只有这样才能称得上是优秀的心腹。心腹不能等领导给自己派任务，而应主动先于领导者采取行动，要做到这一点，离开领导力是不可能的。

换言之，心腹的本质中包含领导力。或者大概可以这么说：心腹是具有追随属性的领导者。之所以这么说，是因为有时心腹必须进行判断并做出不遵从领导者指示/命令的决定。当心腹判断领导者的指示/命令违背原理原则，违抗命令，积极想出不违反原理原则的解决方法并劝说领导采纳才是他真正应该做的。

进一步讲，心腹的本质不在于追随，而在于坚守领导辅助者的立场的同时，发挥自身不同于领导者的别样领导力。因此我才说，不管是领导者还是追随者，二者都需要具备领导力，从这个意思上讲，二者本质上是一回事。

也可以说，只有优秀的心腹才能成长为优秀的领导者。因为缺乏追随力的领导者不可能充分发挥自身功能。我曾在自己的另一本著作《优秀的人都是胆小鬼》中谈及：

> 领导力不是强迫别人做事，强迫只能招致大家的反抗。领导者需要描绘诱人的目标并激发大家对目标的共鸣，这点非常重要。同时，领导者充分尊重团队成员的主体性，团队自然会运转得很好，取得成果。这样才叫真正的领

导力。为此，细致入微地体察对方情绪的细致
劲儿才是领导者的武器。

在此，我想再次强调，领导者该做的是激发每位
团队成员的主体性，让每位员工最大限度地发挥自身
功能，而不是靠自己手中的权力强迫别人做事情。就
像心腹为最大限度发挥领导者的功能而追随领导者那
样，领导者也应该有效运用追随力，以便使团队每位
成员充分发挥自身功能。

换言之，真正的领导者不只是领导，而是具有追
随力的领导，从这个意义上讲，心腹是真正的领导者
的雏形。经常听别人说："他作为心腹能力很强，但
作为率领组织向前发展的领导者是不合格的。"我认
为不应该这么说，难道不是因为他原本就不是一名真
正的心腹所以才做不了一位好的领导者吗？

领导力不需要刻意培养。把自己"要是怎样怎样
就好了""如果能把某某事情做成就好了"等想法树
立为目标；团结大家，跟团队一起齐心协力去实现这

后 记 👍

些目标；自己认为不对的事情就说不对……这些对于一个人而言都是再自然不过的事情，大家把这些事持续做下去，自然而然就能生出领导力。

如果本书能为大家以这种方式活着提供些许参考，我将由衷地感到荣幸。此外，我希望今后能涌现出更多的优秀的领导者心腹，帮助更多的企业实现扎实发展，希望更多人能够度过愉快而丰富的人生。

荒川诏四

2020年5月